U0088862

臺灣歷史與文化研究輯刊

十三編

第17冊

丁念先隸書之研究（下）

涂璨琳 著

花木蘭文化事業有限公司

國家圖書館出版品預行編目資料

丁念先隸書之研究（下）／涂璨琳 著 — 初版 — 新北市：花木蘭文化事業有限公司，2018〔民 107〕

目 2+166 面；19×26 公分

（臺灣歷史與文化研究輯刊十三編；第 17 冊）

ISBN 978-986-485-309-0（精裝）

1. 丁念先 2. 書法 3. 隸書

733.08　　107001604

臺灣歷史與文化研究輯刊

十三編　第十七冊　　ISBN：978-986-485-309-0

丁念先隸書之研究（下）

作　　者　涂璨琳
總 編 輯　杜潔祥
副總編輯　楊嘉樂
編　　輯　許郁翎、王筑　美術編輯　陳逸婷
出　　版　花木蘭文化事業有限公司
發 行 人　高小娟
聯絡地址　235 新北市中和區中安街七二號十三樓
　　　　　電話：02-2923-1455／傳真：02-2923-1452
網　　址　http://www.huamulan.tw 信箱 hml 810518@gmail.com
印　　刷　普羅文化出版廣告事業
初　　版　2018 年 3 月
全書字數　125031 字
定　　價　十三編 24 冊（精裝）台幣 60,000 元

丁念先隸書之研究（下）

涂璨琳 著

目次

上冊

下　冊

附表　丁念先書法作品編年表

編號	年　代	形式	名　稱	作品內容	來　源
4201	民國36年 1947年	軸	行書房舜卿詞軸	此房舜卿詞，得見於宋、黃大輿輯《梅苑十卷》之卷六、十、詞排名〈品令〉	上虞丁念先先生書畫遺墨書法第1頁
5101	民國45年 1956年	斗方	臨乙瑛碑幀		同上第二頁
5102	民國45年 1956年	軸	臨乙瑛碑軸		摘自國立歷史博物館《典藏目錄·藝術篇（二）》第149頁
5201	民國46年 1957年	軸	臨夏承碑軸		上虞丁念先先生書畫遺墨書法第三頁
5202	民國46年 1956年	扇面	臨華山碑扇面	同下	游世勳提供
5203	民國46年 1957年	斗方	臨華山碑斗方	臨贈文雷先生，西嶽華山廟碑長垣本	涂璨琳收藏
5204	民國46年 1957年	中堂	臨乙瑛碑中堂		摘自甄藏2001中國書畫秋季拍賣會第五頁
5401	民國48年 1959年	四屏	書宋敖陶孫詩評隸書四屏		上虞丁念先先生書畫遺墨書法第 4、5頁
5402	民國48年 1959年	軸	隸書基督教經文悼亡軸		上虞丁念先先生書畫遺墨書法第10頁

5403	民國 48 年 1959 年	屏	臨夏承碑（臨漢碑四種四屏之一）		上虞丁念先先生書畫遺墨書法第 9 頁
5404	民國 48 年 1959 年	屏	臨朝侯小子殘碑（臨漢碑四種四屏之一）		上虞丁念先先生書畫遺墨書法第 8 頁
5405	民國 48 年 1959 年	屏	臨史伯時碑（臨漢碑四種四屏之一）		上虞丁念先先生書畫遺墨書法第 7 頁
5406	民國 48 年 1959 年	屏	臨漢子游殘碑（臨漢碑四種四屏之一）		上虞丁念先先生書畫遺墨書法第 6 頁
5407	民國 48 年 1959 年	對聯	談辯屑瓊瓌隸書聯	《娉花媚竹館宋詞集聯》卷三，第 3 頁，第五對聯	上虞丁念先先生書畫遺墨書法第 10 頁之 2
5408	民國 48 年 1959 年	對聯	美景良辰聯	《娉花媚竹館宋詞集聯》中，卷三，8 頁末句，與卷三，9 頁首句。	上虞丁念先先生書畫遺墨書法第 11 頁
5409	民國 48 年 1959 年	軸	臨禮器碑軸		上虞丁念先先生書畫遺墨書法第 10 頁之 1
5410	民國 48 年 1959 年	扇面	臨乙瑛碑扇面（焚扇記之背面隸書扇面）		上虞丁念先先生書畫遺墨書法第 36 頁
5411	民國 48 年 1959 年	軸	臨西嶽華山廟碑軸		摘自國立歷史博物館《典藏目錄・藝術篇（二）》第 17 頁
5412	民國 48 年 1959 年	斗方	臨華山碑（反白本）		摘自重編本上虞丁念先先生書畫遺墨書法第 23、24 頁
5413	民國 48 年 1959 年	對聯	集散氏盤文		丁氏家屬提供
5414	民國 48 年 1959 年	題額	眠琴室隸書題額		張清治教授提供

5501	民國 49 年 1960 年	對聯	臨散氏盤集句七言聯		摘自上虞丁念先先生書畫遺墨書法第 12 頁之 1
5502	民國 49 年 1960 年	軸	臨秦權二世詔古隸軸		摘自上虞丁念先先生書畫遺墨書法第 12 頁之 2
5503	民國 49 年 1960 年	對聯	華山碑集聯	書贈木軒道長（馬壽華）上聯：人日嘉辭高仲武，下聯：春山新本郭河陽	丁氏家屬提供
5504	民國 49 年 1960 年	中堂	臨華山碑中堂		摘自國立歷史博物館《典藏目錄‧藝術篇（二）》第 40 頁
5505	民國 49 年 1960 年	中堂	臨百石卒碑（乙瑛碑）		摘自國立歷史博物館《典藏目錄‧藝術篇（二）》第 40 頁
5506	民國 49 年 1960 年	斗方	臨禮器碑陰斗方		吳峰章先生提供
5507	民國 49 年 1960 年	長卷	臨史晨後碑全文卷		吳平先生藏
5508	民國 49 年 1961 年	軸	節臨韓仁銘軸		摘自國立歷史博物館《典藏目錄‧藝術篇（二）》第 40 頁
5601	民國 50 年 1961 年	書簽	隸書自署念聖樓讀畫小記書籤		摘自上虞丁念先先生書畫遺墨書法之部第 33 頁之 1
5602	民國 50 年 1961 年	龍門長聯	仿鄧石如滄海對（仿鄧石如龍門長聯）		摘自上虞丁念先先生書畫遺墨書法之部第 13 頁
5603	民國 51 年 1962 年	巨字中堂	篆書還門月一湖巨字（集散氏盤字）		摘自國立歷史博物館《典藏目錄‧藝術篇（二）》第 15 頁
5604	民國 51 年 1962 年	中堂軸	臨夏承碑軸		摘自上虞丁念先先生書畫遺墨書法第 15 頁
5605	民國 50 年 1961 年	軸	臨鄭固碑軸		摘自國立歷史博物館《典藏目錄‧藝術篇（二）》第 14 頁

5606	民國50年 1961年	軸	第三回十人書展隸書中堂		摘自十人書展第三回（張隆延，《暢流》，24卷，第八期50，12，1）
5607	民國50年 1961年	中堂	節臨韓仁銘字幀		王參議，禮騏先生提供
5608	民國50年 1961年	中堂	臨史晨孔廟後碑		黃銀敦先生提供
5701	民國51年 1962年	中堂	集臨禮器碑七言聯句（臨漢碑集聯四屏之一）		摘自上虞丁念先先生書畫遺墨書法之部第18頁
5702	民國51年 1962年	中堂	及乙瑛七言聯句（臨漢碑集聯四屏之一）		摘自上虞丁念先先生書畫遺墨書法之部第17頁
5703	民國51年 1962年	中堂	集夏承碑五言聯句（臨漢碑集聯四屏之一）		摘自上虞丁念先先生書畫遺墨書法之部第19頁
5704	民國51年 1962年	中堂	集臨武梁祠七言聯句(臨漢碑集聯四屏之一)		摘自上虞丁念先先生書畫遺墨書法之部第16頁
5705	民國51年 1962年	中堂	集鄭固碑字七言五聯中堂		摘自何創時書法藝術文教金會《光復五十年臺灣書法展》第96頁
5706	民國51年 1962年	題簽	中華文物題簽		摘自重編本《上虞丁念先先生書畫遺墨》書法第53頁
5707	民國51年 1962年	小中堂	歐陽修臨江仙草書	柳外輕雷池上雨，雨聲碎荷聲，小樓西角斷虹明，闌干倚處，待得月華生。燕子飛來窺畫棟，玉鉤垂下簾旌。涼波不動。簟紋平，水晶雙枕，傍有墮釵橫（全宋詞，140頁）	丁氏家族提供

5708	民國51年 1962年	斗方	祝子惠八秩集宋詞隸書聯		丁氏家族提供
5709	民國51年 1962年	斗方	祝木老雙壽五言隸書聯		丁氏家族提供
5710	民國51年 1962年	立軸	臨西嶽華山碑軸		涂璨琳收藏
5711	民國51年 1962年	斗方	臨西嶽華山碑集句斗方		摘自《暢流》，十人書展第五回D（第二十八卷第七期，封面裡52年11月16日）
5712	民國51年 1962年	小對聯	小幅天然山水對聯（華山碑集句）		涂璨瑝收藏
5801	民國52年 1963年	對聯	大幅天然山水對聯（華山碑集句）		涂璨琳收藏
5802	民國52年 1963年	中堂	臨史晨後碑軸		摘自上虞丁念先先生書畫遺墨書法之部第22頁
5803	民國52年 1963年	軸	草書倪雲林五言律詩軸	荒城夜風雨，草木曉離枝，桂馥逗盧牖，苔文滋硯池，弄翰聊弄逸，永日以自怡，且盡一日樂，明朝非所知。	摘自上虞丁念先先生書畫遺墨書法之部第21頁
5804	民國52年 1963年	軸	集散氏盤銘五言聯句軸		摘自上虞丁念先先生書畫遺墨書法之部第24頁
5805	民國52年 1963年	對聯	喬木擁千章隸書聯		摘自上虞丁念先先生書畫遺墨書法之部第20頁
5806	民國52年 1963年	對聯	畫鷁旁篙行隸書聯		摘自上虞丁念先先生書畫遺墨書法之部第20頁之2
5807	民國52年 1963年	對聯	小結屋三間楷書聯		摘自上虞丁念先先生書畫遺墨書法之部第21頁

5808	民國 52 年 1963 年	中堂	草書倪雲林五言律詩軸	煙渚落日後，風林清嘯餘，輕舟下天際，高人遺素書，笋脯炊菰米，松醪薦菊葅，子有林壑趣，江湖一迂疎。	摘自上虞丁念先先生書畫遺墨書法之部第 23 頁
5809	民國 52 年 1963 年	對聯	小結屋三間隸書聯		涂璨琳收藏
5810	民國 52 年 1963 年	條幅	詠牡丹草書	羞隨名草逞風光，不媚昭陽貶後陽。誰具傲時高格調，詩人從此費評量。如何文士淋漓筆，獨諷人間富貴粧。我與春風白相得，一如叢鞠愛秋霜。	丁氏家族提供
5811	民國 52 年 1963 年	中堂軸	華山碑集句五言十二聯		涂璨琳收藏
5812	民國 52 年 1963 年	中堂	乙瑛碑集句七言三聯		涂璨琳收藏
5813	民國 52 年 1963 年	中堂	乙瑛碑集句七言四聯	原圖版攝製時漏失未印最下一列。所缺應爲「文」、「行」、「學」	摘自重編上虞丁念先書畫遺墨第 30 頁。
5814	民國 52 年 1963 年	中堂	臨禮器碑陰軸		薛志揚先生提供
5815	民國 52 年 1963 年	長卷	百戶姜君墓表隸書長卷		台南吳棕房先生提供
5901	民國 53 年 1964 年	對聯	隸書六言聯		上虞丁念先先生書畫遺墨書法之部第 26 頁
5902	民國 53 年 1964 年	軸	行書七絕詩軸	倪瓚七言絕句〈畫竹〉蟠龍舞鳳寒雲冷，挾以明蟾光炯炯，世人只解說洋州，小坡筆力能扛鼎。	上虞丁念先先生書畫遺墨書法之部第 27 頁
5903	民國 53 年 1964 年	軸	節臨禮器碑陰及側題名軸		上虞丁念先先生書畫遺墨書法之部第 25 頁之 1
5904	民國 53 年 1964 年	軸	節臨禮器碑陰題名軸		上虞丁念先先生書畫遺墨書法之部第 25 頁之 2

5905	民國53年 1964年	軸	臨華山碑長垣本		摘自重編上虞丁念先書畫遺墨第29頁。
5906	民國53年 1964年	斗方	鑑藏論草書	（見作品解說）	丁氏家族提供
5907	民國53年 1964年	中堂	臨禮器碑中堂		摘自國立歷史博物館《典藏目錄・藝術篇（二）》第17頁
5908	民國53年 1964年	中堂	史晨集句七言四聯		摘自吳峰彰先生提供國立臺灣藝術館《筆情墨趣》年度主題展中國書法藝術
6001	民國54年 1965年	對聯	文采漢機軸隸書聯		上虞丁念先先生書畫遺墨書法之部第27頁
6002	民國54年 1965年	軸	臨禮器碑長軸		摘自重編本上虞丁念先先生書畫遺墨書法第30頁
6003	民國54年 1965年	中堂	臨禮器碑陰及側		吳峰彰先生提供
6004	民國54年 1965年	軸	臨禮器碑陰六尺軸		涂璨琳收藏
6101	民國55年 1966年	軸	臨史晨前碑軸		摘自自立晚報自立藝苑（56.6.26）
6102	民國55年 1966年	鏡片	蔣公八秩華誕祝壽畫隸書款	予不做畫已三十餘年，中華民國五十五年冬爲我總統蔣公八秩華誕新中國出版社籌祝嵩壽徵畫于予欣然命筆不計工拙也	丁念先家屬提供
6103	民國55年 1966年	鏡片	史晨集句七言五聯		涂璨琳收藏
6201	民國56年 1967年	中堂	臨史晨後碑中堂幅		摘自上虞丁念先先生書畫遺墨書法第29頁
6202	民國56年 1967年	軸	臨史晨碑軸		摘自上虞丁念先先生書畫遺墨書法第28頁
6203	民國56年 1967年	題簽	古今圖書集成字學典書背題簽		摘自現存國立中央圖書館台灣分館美術類書架上，原丁念先生前藏書

6204	民國 56 年 1967 年	題簽	行楷舊書封面		摘自現存國立中央圖書館台灣分館美術類書架上，原丁念先生前藏書
6205	民國 56 年 1967 年	款識	題丁瑜牡丹隸書款	街頭撲面賣花兒，正是陰晴穀雨時，十指濃香收不住，潑翻墨汁當臙脂	丁氏家族提供
6206	民國 56 年 1967 年	款識	石濤和尚句隸書	紅垂枝上若星絲，博望芳名永不騫，子蘊水晶霜後熟，穀粧玳瑁雨中鮮，味全雅稱充佳品，齒落混疑洒麗娟，一葉異生連數實，武陵人獻帝欣然，丁未三月瑜兒書，上虞丁念先錄石濤和尚句	丁瑜先生提供
6207	民國 56 年 1967 年	中堂	節臨漢乙瑛碑字		摘自台灣省美術館《典藏目錄》第五頁
6208	民國 56 年 1967 年	四屏	乙瑛百納本四屏		摘自德門書廊《德門書廊書畫選集》第 199 頁
6209	民國 56 年 1967 年	中堂	節臨史晨後碑中堂		摘自藝粹雜誌《丁念先談八分》第二卷第四期 17 頁（57.9.30）
6301	民國 57 年 1968 年	影本	八分隸示範作		摘自藝粹雜誌《丁念先談八分》第二卷第四期 15 頁（57.9.30）
6302	民國 57 年 1968 年	影本	宋米芾雲山煙樹軸行書題簽		摘自藝壇第七期第 25 頁（1968.9）
6303	民國 57 年 1968 年	對聯	豐饒來句隸書對		丁氏家屬提供
6304	民國 57 年 1968 年	中堂	王之渙出塞詩草書	黃河遠上白雲間，一片孤城萬仞山，羌笛何須怨楊柳，春風不度玉門關	丁氏家族提供

6305	民國 57 年 1968 年	中堂	草書倪瓚七言句題畫竹詩	倪瓚七言絕句兩首《題畫竹》（一）琅玕節下起秋風，寒夜蕭蕭細雨中，贈子仙壇翠鸞帚，杏林春掃落地紅（二）逸筆縱橫意到成，燒香弄翰了餘生，窗前竹樹依苔生，寒雨蕭條待晚晴	摘自上虞丁念先先生書畫遺墨書法部第 32 頁，這兩首倪詩可見於《清閟閣全集》第 345 及 346 頁
6306	民國 57 年 1968 年	中堂軸	臨乙瑛碑軸		摘自上虞丁念先先生書畫遺墨書法部第 31 頁
6307	民國 52 年 1963 年	軸	草書倪瓚五言律詩	〈稽山草堂爲韓致因賦〉稽山讀書處，應近賀公湖，碉月懸蘿鏡，汀花落酒壺，賣藥入城市，扁舟在菰蒲，逃名向深僻，君豈伯休徒	摘自上虞丁念先先生書畫遺墨書法部第 23 頁之 2，此五言律詩見之於《清閟閣全集》第 96 頁
6308	民國 57 年 1968 年	斗方	臨史晨後碑全文幀		摘自上虞丁念先先生書法遺墨第 30 頁
6309	民國 57 年 1968 年	中堂	臨禮器碑陰字		摘自重編本上虞丁念先書畫遺墨第 32 頁
6310	民國 57 年 1968 年	軸	臨禮器碑陰提名中堂		摘自《台灣省第 23 屆全省美術展覽畫刊》
6401	民國 58 年 1969 年	題簽	隸書溪山古寺圖卷簽條		上虞丁念先先生書畫遺墨書法第三十三之三
6402	民國 58 年 1969 年	題簽	蘭亭史話隸書		摘自新藝林第一卷第二期蘭亭專號第 33 頁
6403	民國 58 年 1969 年	中堂	臨禮器碑陰補題名四行		摘自《近代名家書法專輯》

未紀年書法作品彙錄

編號	年代	形式	名稱	作品內容	來源
0001	無紀年	中堂	節臨禮器碑陰中堂	上款年款被挖掉	摘自麥鳳秋《四十年來台灣地區美術發展研究之五》書法研究（研究報告展覽專輯）彙編（1996.1.台灣省美館）
0002	無紀年	題簽	隸書書法會會員錄	中國書法學會會員錄	摘自上虞丁念先先生書畫遺墨第33頁之2
0003	無紀年	對聯	隸書五言聯		摘自上虞丁念先先生書畫遺墨第34頁之1
0004	無紀年	軸	臨魯峻碑軸		摘自上虞丁念先先生書畫遺墨第35頁
0005	無紀年	對聯	素礫平疇隸書聯		摘自上虞丁念先先生書畫遺墨第34頁之2
0006	無紀年	題簽	式古堂書畫彙考題簽	式古堂書畫彙考丁念先題	摘自《式古堂書畫彙考》此書原清朝卞永譽彙輯之經丁先生題簽再版
0007	無紀年	對聯	三祝九如隸書聯		摘自德門畫廊出版《德門畫廊書畫選集》
0008	無紀年	橫	壽山福海隸書		摘自重編本上虞丁念先先生書畫遺墨第53頁
0009	無紀年	對聯	美景良辰聯		涂璨琳收藏
0010	無紀年	斗方	倪瓚賦上清劉眞人象隸書	倪瓚奉和虞學士賦上清劉眞人象七言律詩：君向積金峰頂住，長年高臥聽松風，蓬萊雲近瞻天闕，劍珮春明下漢宮，歸去長謠紫芝曲，翩然遠挹黃眉翁，標名合在諸天上，何事置身巖壑中	黃銀敦先生提供（丁念先舊藏《四郎叢刊出編集部》《倪雲林先生詩集》上海商務印書館縮印，秀水沈氏藏明天順本卷四第41頁
0011	無紀年	斗方	倪瓚七言絕句隸書	張外史素不善畫，醉墨戲寫張洞奇石頗一種逸韻德明裝潢成卷走筆爲賦，倪瓚題張洞奇石句（七言絕句）書畫不論工	黃銀敦先生提供（丁念先舊藏《四郎叢刊出編集部》《倪雲林先生詩集》上海商務印書館縮印，秀水沈氏藏明天順

				與拙，顏公米帖豈圖傳，君看外史寫奇石，醉墨依稀似米顛，錄倪高士題張洞奇石句，丁念先書爲定山草堂糊窗	本卷六第 62，63 頁
0012	無紀年	對聯	芳味來句隸書對		丁氏家族提供
0013	無紀年	中堂	唐人雜詩草書	近寒食雨草淒淒，著麥苗風柳堤，等是有家歸未得，杜鵑休向耳邊啼	丁氏家族提供
0014	無紀年	斗方	倪雲林題畫詩行書	畫吳松山色，贈潘以仁《倪雲林先生詩集》卷四，34 頁，吳江春水綠，搖漾半江雲，嵐翠窗前落，松聲渚際間，潘郎狂嗜古，容我醉書裙，鼓柁他年去，相從遠俗氣	摘自 1996 年 1 月台灣省立美術館發行麥鳳秋彙編《四十年來台灣地區美術發展研究之五》書法研究報告展覽專輯第 164 頁圖 37
0015	無紀年	軸	臨韓仁銘字		摘自莊彥榮主編《近代書法大展》第 147 頁
0016	無紀年	扇面	節臨乙瑛碑扇面		涂璨琳收藏
0017	無紀年	對聯	令聞對聯乙瑛碑集句	乙瑛碑，漢碑集聯大觀，第二集，學海出版社 116 頁	丁念先家屬提供
0018	無紀年	鏡片	節臨韓勑禮器碑		涂璨琳收藏
0019	無紀年	中堂	隸書遺稿		丁氏家屬提供
0020	無紀年	斗方冊頁	黃孝子傳隸書稿之一		丁氏家族提供
0021	無紀年	斗方冊頁	黃孝子傳隸書稿五		丁氏家族提供
0022	無紀年	斗方冊頁	黃孝子傳隸書稿之二十七		丁氏家族提供
0023	無紀年	斗方冊頁	黃孝子傳隸書稿之二十八		丁氏家族提供

0024	無紀年	斗方冊頁	黃孝子傳隸書稿之二十九		丁氏家族提供
0025	無紀年	手稿	楷書手稿之一	（此爲念聖樓彙錄鄉邦文集）手稿此爲十卷中一頁	丁氏家族提供
0026	無紀年	手稿	楷書手稿之二	（此爲念聖樓彙錄鄉邦文集）手稿此爲十卷中一頁	丁氏家族提供
0027	無紀年	對聯	才華德行隸書聯		台南吳棕房先生提供

書法圖錄

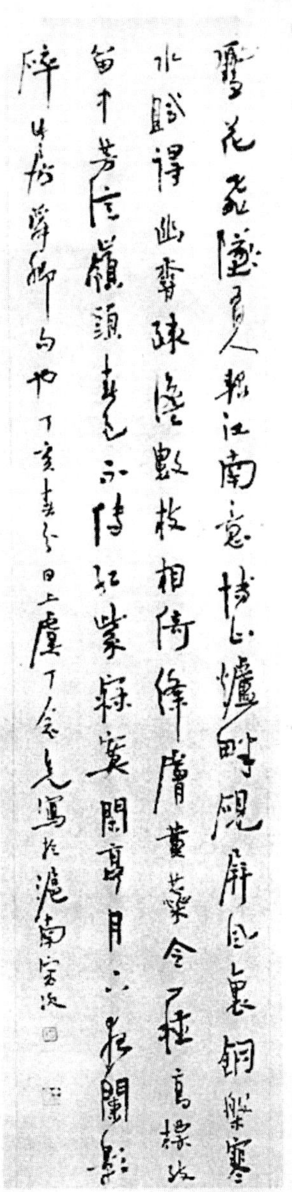

名稱：行書房舜卿詞軸　4201

摘自上虞丁念先先生書畫遺墨　書法之部　第一頁

年代：民國三十六年（1947 年）

釋文：雪花飛墜，有人報江南意，博山爐畔，硯屏風裏，銅槃寒水，賦得幽香疏淡，數枝相倚。絳膚黃蘂，令一種高標致，笛中芳信，嶺頭春色，不傳紅紫，寂寞閑亭月下，夜闌影碎。（此房舜卿詞，得見於宋黃大興輯《梅苑十卷》之卷六、十，詞排名《品令》今收錄在新文豐出版有限公司印行之《叢書集成續編》第 20 冊，第 244 頁）

款文：此房舜卿句也，丁亥春分日，上虞丁念先，寫於滬南客次。

印：念先，丁守棠

按：此作是丁念先唯一確定由上海攜之來台書跡

名稱：臨乙瑛碑幀　5101
　　　上虞丁念先先生書畫遺墨　書法之部 第二頁
年代：民國四十五年（1956 年）
款文：節臨漢魯相乙瑛請置孔廟百石卒史碑字，於運腕用筆媿未神似，即乞壯爲詩長
　　　大法家教正，丙申元旦，弟丁念先。
　印：念先，丁守棠

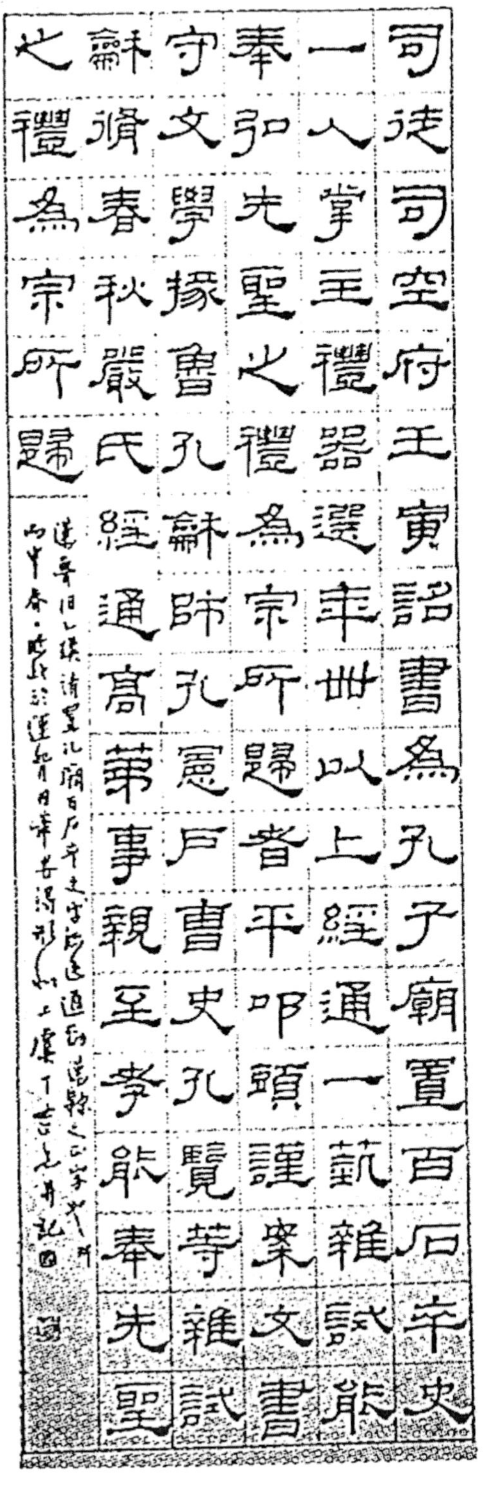

名稱：臨乙瑛碑軸　5102
摘自國立歷史博物館《典藏目錄藝術篇（二）》第149頁（發行人黃光男，高玉珍主編1999年6月出版）
年代：民國四十五年（1956年）
款文：漢魯相乙瑛請置孔廟百石卒史碑字，流逸遒勁，漢隸之正宗也，丙申春日臨此，於運腕用筆略得形似，上虞丁念先并記。

名稱：臨夏承碑軸　5201

上虞丁念先先生書畫遺墨　書法之部　第三頁

年代：民國四十三年（1957 年）

款文：寒齋所藏夏承碑，明時與婁壽並藏華氏眞賞齋，當時最爲烜赫，楚民先生索書，爲臨數十字，未能神似，丁酉新秋，上虞丁念先并記。

印：念先，丁守棠

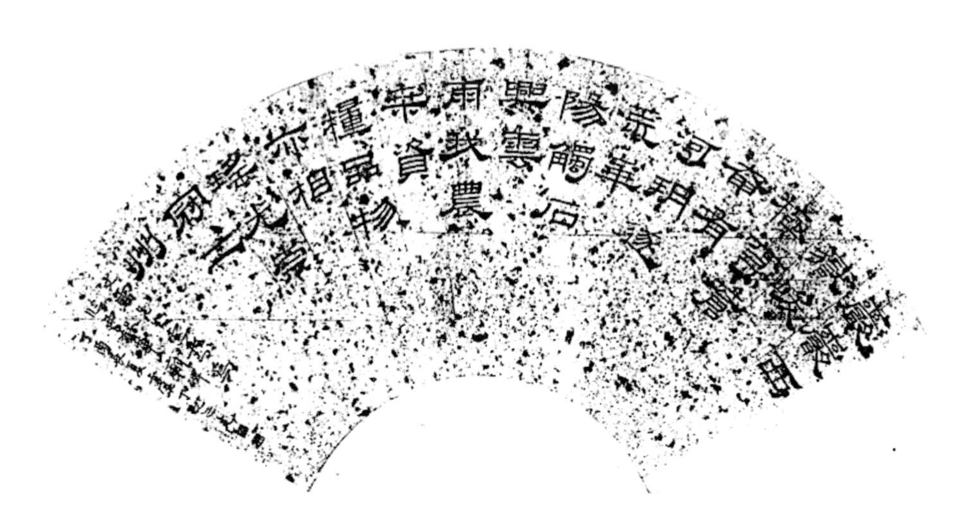

名稱：臨華山碑扇面　5202
　　　游世勳先生提供
年代：民國四十六年（1957 年）
款文：文雷先生索書，爲臨西嶽華山廟碑，丁酉長夏，上虞丁念先。
　印：丁，念先

雨我農桒資
糧品物亦相
瑤光崇冠二
州

文雷先生屬書為臨西嶽
華山廟碑長垣本
丁酉長夏小瀛洲丁念先

名稱：臨華山碑斗方　5203
　　　涂璨琳收藏冊頁
年代：民國四十六年（1975 年）縱 22cm 橫 34cm
款文：文雷先生索書，為臨西嶽華山廟碑長垣本，丁酉長夏，上虞丁念先。
　印：念先

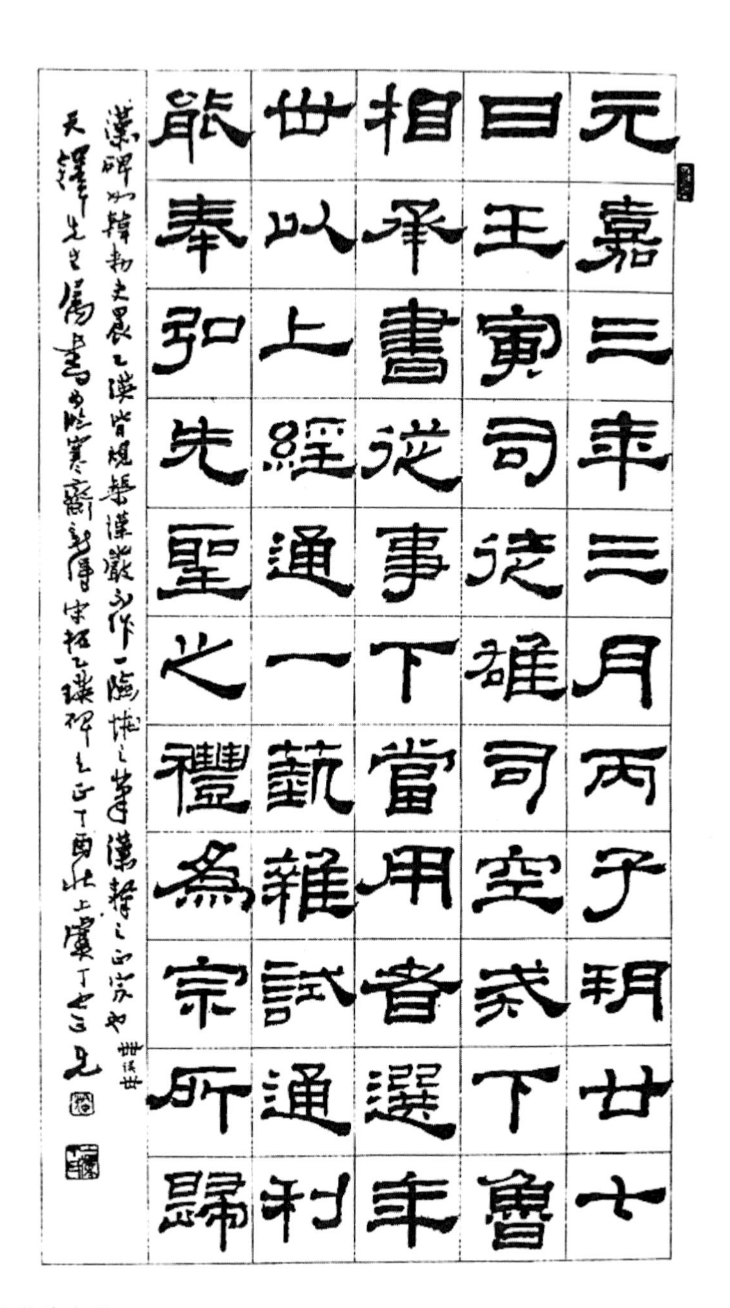

名稱：臨乙瑛碑中堂　5204

摘自甄藏 2001 中國書畫秋季拍賣會（第五頁，出版 2001 年 11 月 17 日台北）

年代：民國四十六年（1957 年）

款文：漢碑如韓敕、史晨、乙瑛皆規矩謹嚴，不做一險怪之筆，漢隸之正宗也。天鐸先生屬書，爲臨寒齋新得宋拓乙瑛碑乞正，上虞丁念先。（冊誤卅）

印：念先，上虞丁氏

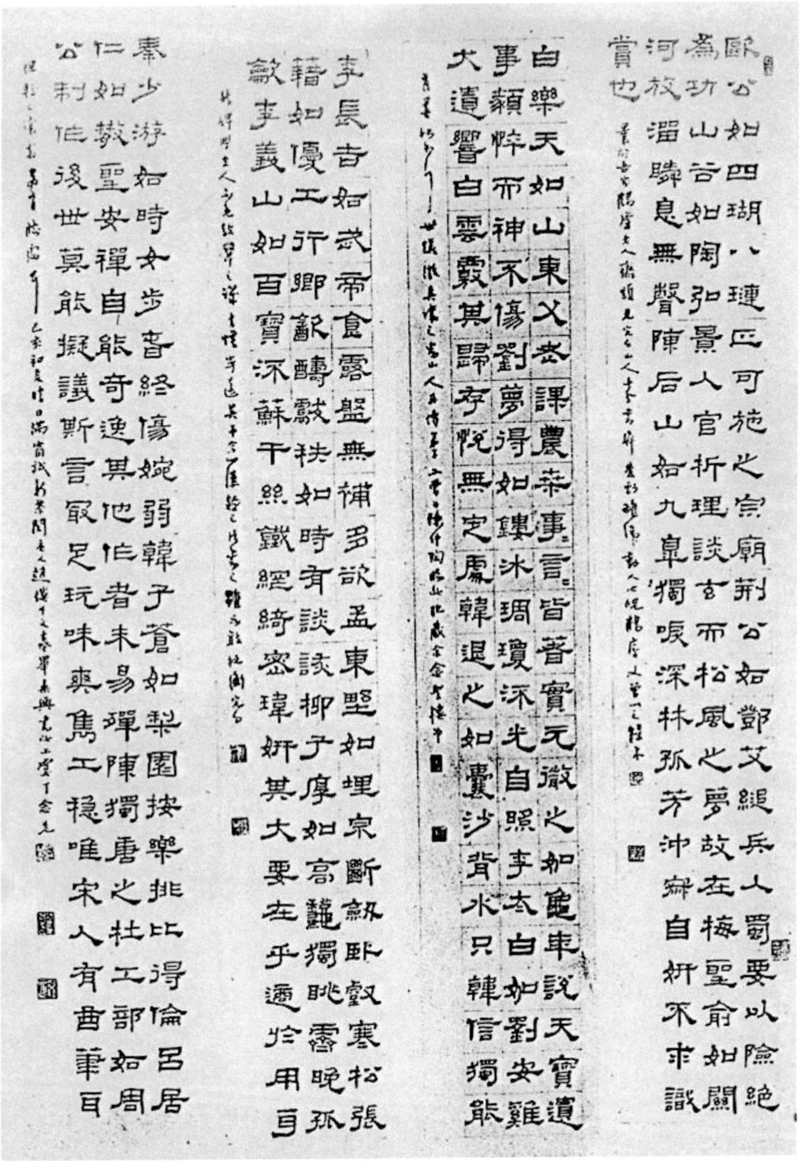

名稱：書宋敖陶孫詩評隸書四屏　5401
上虞丁念先先生書畫遺墨　書法之部　第四、五頁
年代：民國四十八年（1959 年）
款文：曩於吾家鶴廬老人齋頭見完白山人此分書屏，蒼勁雄偉動人心魄。鶴廬又曾以之鋟木，有墨拓本行世。儀徵吳讓之爲山人再傳弟子，亦曾爲陳仲陶臨此，現藏余念聖樓中。然婢學夫人不免效顰之譏，去懷寧遠矣。予今以漢隸之法書之，雖不敢抗衡完白，但較之讓翁，當有勝處耳。己亥初夏晴日滿窗，試新茶閱唐人趙模千文卷畢，乘興書此，上虞丁念先。

名稱：隸書基督教經文悼亡軸　5402
上虞丁念先生書畫遺墨　書法之部　第十頁。
年代：民國四十八年（1959年）
款文：吾妻謝聖鏞女士自幼受宗教環境之薰陶，是最虔誠之基督教徒。三十八年五月避匪禍來台，方慶虎口餘生暫獲苟安，不幸於是年六月三十日突患急病於次晨逝世，享年僅三十八歲。念吾妻與予結褵十三年，中經抗戰剿匪堅苦備嘗，生育子女六人，獨任教養之勞，予之對國家民族能略盡職責，皆其匡助之力。今日爲其去世十週年紀念之日，適予參加十人書展，敬錄新約哥林多前書第十五章五十節至五十八節全文，祝其靈魂得救永生天國。民國四十八年七月一日，上虞丁念先□痛敬記于念聖樓。

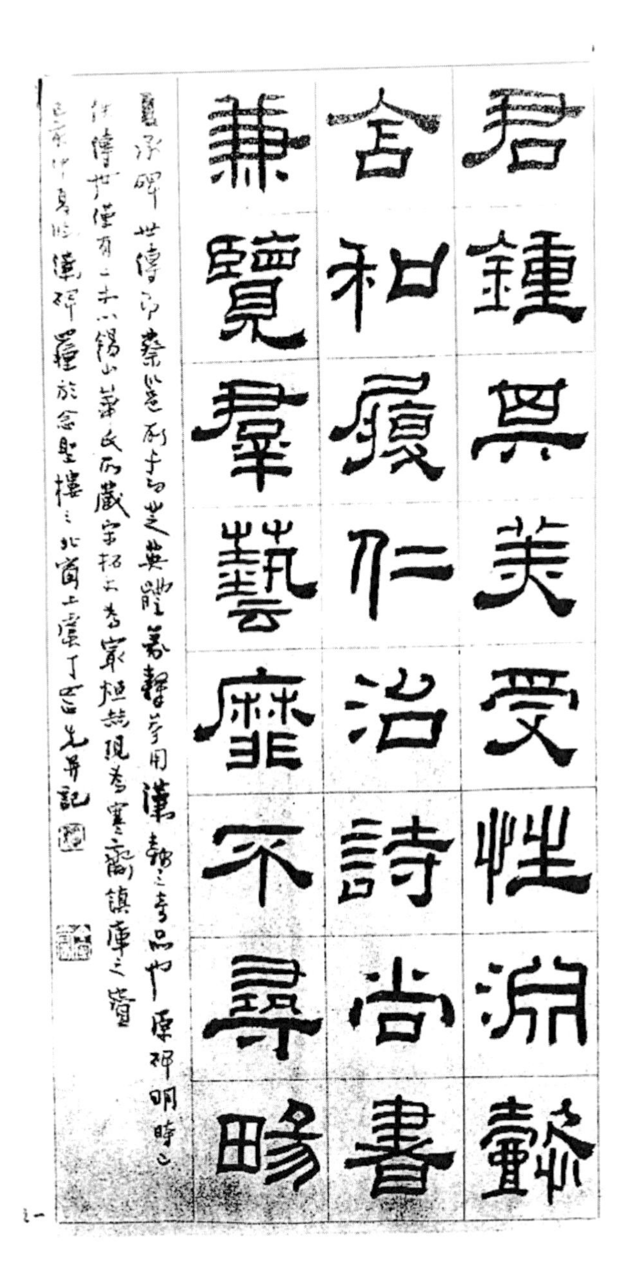

名稱：臨夏承碑（臨漢碑四種四屏之一）　5403
上虞丁念先生書畫遺墨　書法之部　第九頁
年代：民國四十八年（1959 年）
款文：夏承碑世傳即蔡邕所書芝英體，篆隸參用，漢隸之奇品也，原碑明時已佚，傳世僅有二本，以錫山華氏所藏宋拓本爲最烜赫，現爲寒齋鎮庫之寶。已亥仲夏臨漢碑四種於念聖樓之北窗，上虞丁念先并記。
印：念先，丁守棠

名稱：臨朝侯小子殘碑（臨漢碑四種四屏之一）　5404
上虞丁念先先生書畫遺墨　書法之部　第八頁
款文：朝侯小子殘碑書迹至工，姿致橫出，殆出東漢末季，漢石中佳品也，惜朝上一字已失，名姓翳如矣。
印：念先之印，丁幹

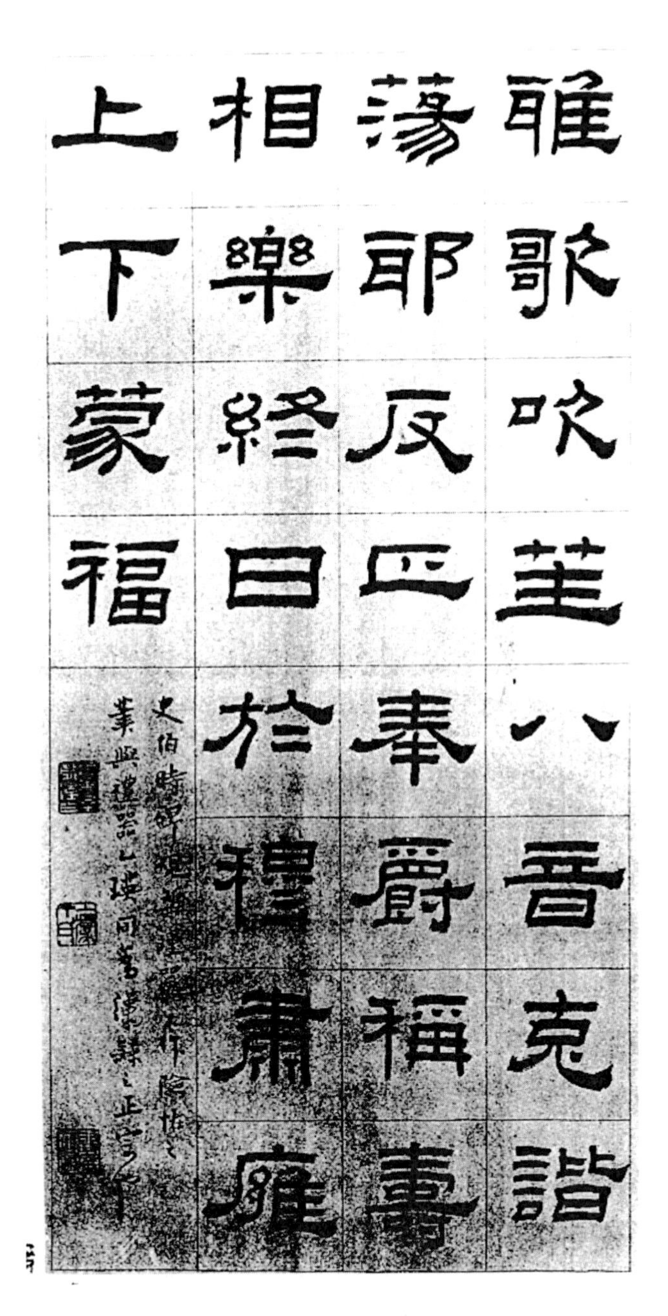

名稱：臨史伯時碑即史晨後碑（臨漢碑四種四屏之一）　5405
　　　上虞丁念先生書畫遺墨　書法之部　第七頁
年代：民國四十八年
款文：史伯時碑規矩謹嚴不作險怪之筆，與禮器、乙瑛同爲漢隸之正宗也。
　印：念先五十歲後作，上虞丁氏，書宗兩漢。

名稱：臨漢子游殘碑（臨漢碑四種四屏之一）　5406
上虞丁念先先生書畫遺墨　書法之部　第六頁
款文：子游殘碑爲新出土「安陽四種」之一，共得二石，吾鄉羅叔蘊先生考證甚詳。碑文永初云云，與祀三公山碑時間爲近，猶在景君、乙瑛之前，東漢隸書此推早期。

名稱：談辯屑瓊瓌隸書聯　5407
　　　上虞丁念先先生書畫遺墨　書法之部　第十一頁之二

年代：民國四十八年（1959年）

款文：己亥中秋酒後，集宋人詞句，上虞丁念先。

按：此聯亦源於《娉花媚竹館宋詞集聯》卷三，第三頁第五對聯（民國二十五年十二月余鎭著，海印樓出版）

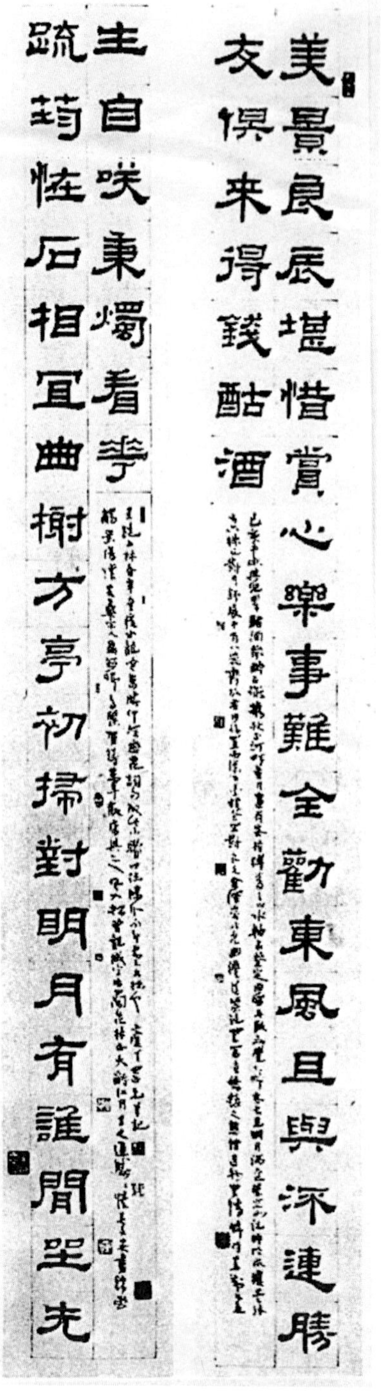

名稱：美景良辰聯　5408
上虞丁念先先生書畫遺墨　書法之部　第十一頁
年代：民國四十八年（1959年）
款文：題識名稱年代款文
印：己亥中秋，與兒輩賭酒微醉，正擬攜杖至河畔看月，適有客持傅青主山水軸求鑑定，因留再飯，不覺大醉。客去見明月滿庭，碧空如洗，時堦坻瓊曇緣五六株，正對月舒展，中有八蕊齊放者，內移置兩漢石墨精舍，坐對良久，余深愛此花，幽澹清麗，絕無富貴嬌豔之態，惜造物無情瞬時盡謝矣。觸景傷懷，爰集宋人晶冠清多麗、賀鑄萬年歡、康與之風入松、曾覿減字木蘭花、林正大酹江月、王之道聲聲慢、吳文英畫錦堂、王詵上林春、辛棄疾水龍吟、葛勝仲蝶戀花詞句，成此小聯，以誌鴻爪，不計書之劣拙也。上虞丁念先并記。
按：此聯源亦爲《娉花媚竹館宋詞集聯》中卷三、八頁末句與卷三、九頁首句，筆者研究出丁念先之誤，其實正如吳先生所言「恐亦此書之誤也」（2004年二月十五日，與式昭訪吳平先生，於新店福園街，臨別慨借《娉花媚竹館宋詞集聯》，查閱之下，果眞如吳先生所言）

名稱：臨禮器碑軸　5409

上虞丁念先先生書畫遺墨　書法之部　第十頁之一

年代：民國四十八年（1959 年）

款文：韓叔節禮器碑字瘦硬通神，郭允伯、王蒻林、翁潭溪咸推爲漢隸第一品。楊惺吾云：「寓奇險於平正，寓疏秀於嚴密，廟堂、醴泉之爲楷法極則，亦以此也。」己亥初夏，上虞丁念先并記。

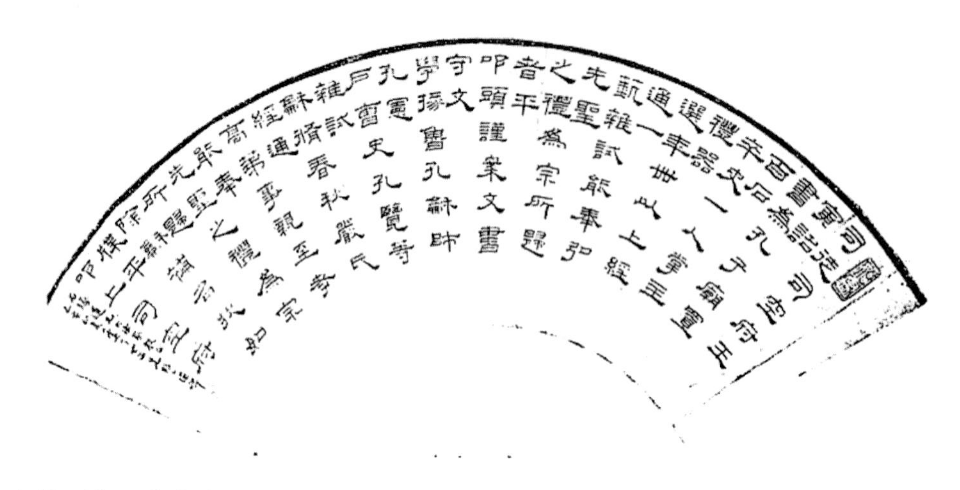

名稱：臨乙瑛碑扇面（焚扇記之背面，隸書扇面） 5410

上虞丁念先先生書畫遺墨 書法之部 第三十六頁

年代：民國四十八年（1959 年）

款文：石緣道兄大法家教正，己亥初夏，上虞丁念先臨乙瑛碑。

名稱：臨西嶽華山廟碑軸　5411
摘自國立歷史博物館《典藏目錄藝術篇（二）》（黃光男發行，高玉珍主編，1999 年 6 月出版）第十七頁
年代：民國四十八年（1959 年）
款文：臨西嶽華山廟碑長垣本，己亥春月，上虞丁念先醉後并記。
印：丁守棠

若茲深達和民事
神之義精通誠至
礿祭之福乃案經
傳所載原本所由

名稱：臨華山碑反白本　5412
　　　摘自重編本上虞丁念先先生書畫遺墨 第二十三、二十四頁
年代：民國四十八年（1959年）
款文：十之吾兄方家以舊箋命書，爲臨西嶽華山廟碑長垣本乞正，己亥初夏，上虞丁念先。

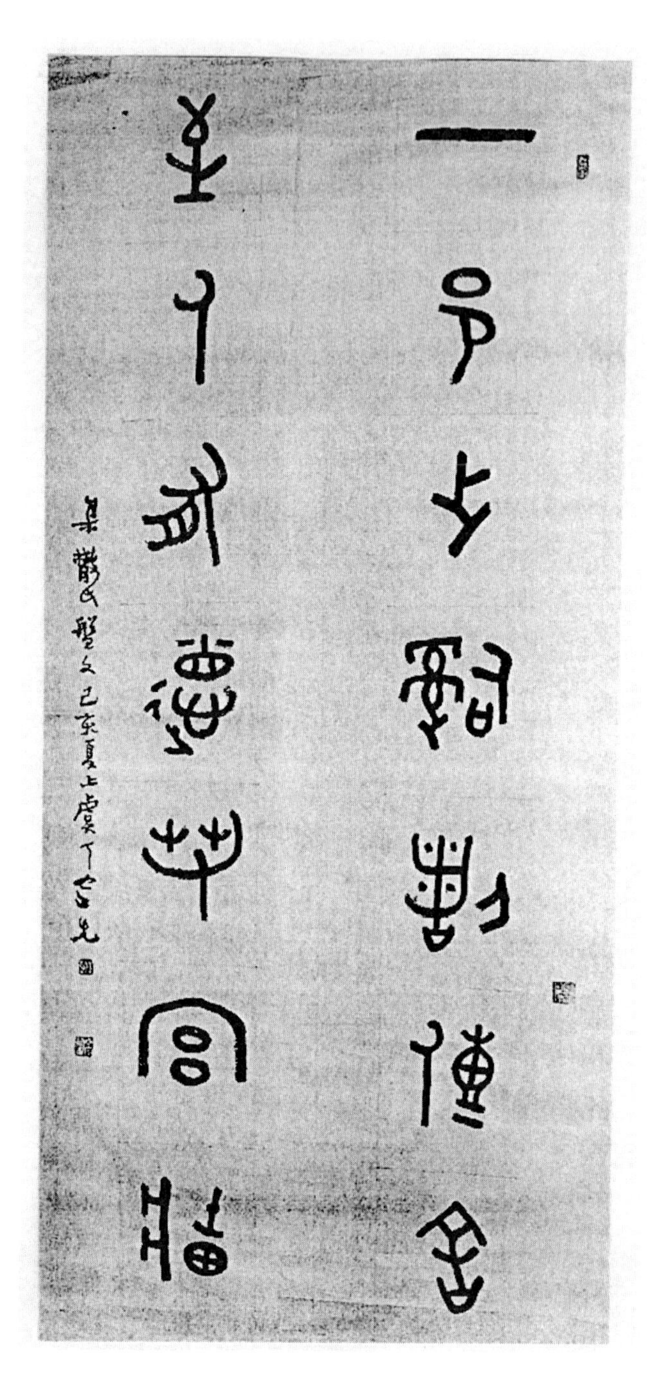

名稱：集散氏盤文（丁氏家屬提供） 5413
年代：民國四十八年（1959 年）
款文：集散氏盤文，己亥夏，上虞丁念先。
印：念先，丁守棠

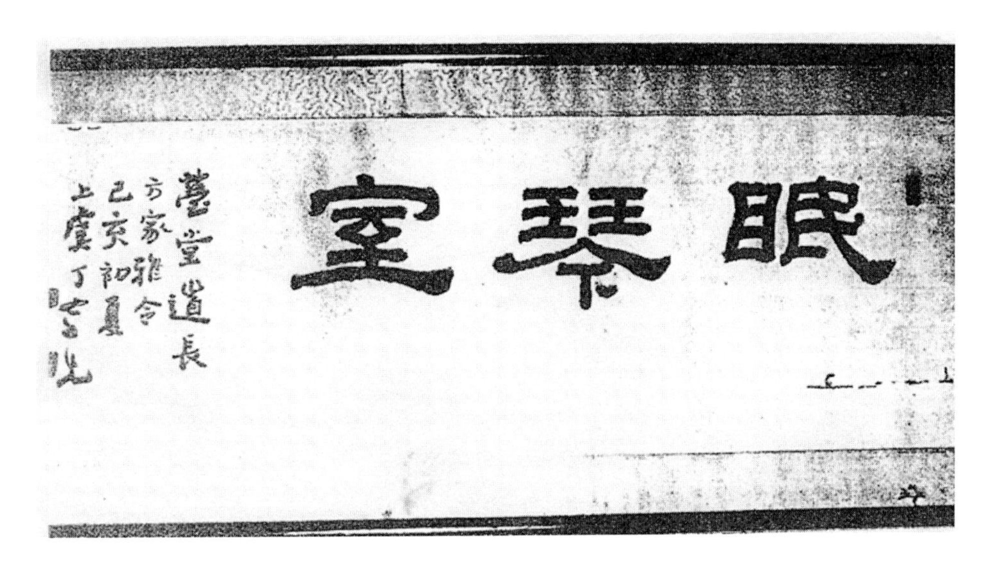

名稱：眠琴室隸書題額　5414　（張清治教授提供）
年代：民國四十八年（1959 年）
款文：瑩堂道長方家雅令己亥初夏，上虞丁念先。

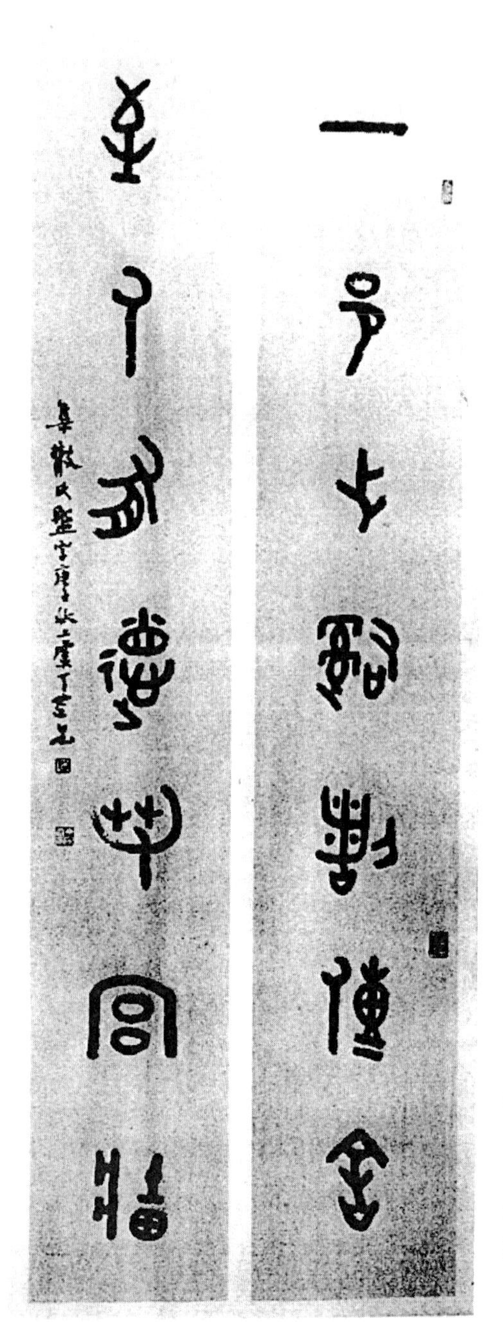

名稱：臨散氏盤集句七言聯　5501
上虞丁念先先生書畫遺墨　書法之部　第十二頁之一
年代：民國四十九年（1960 年）
款文：集散氏盤字，庚子秋，上虞丁念先。
印：念先，丁守棠

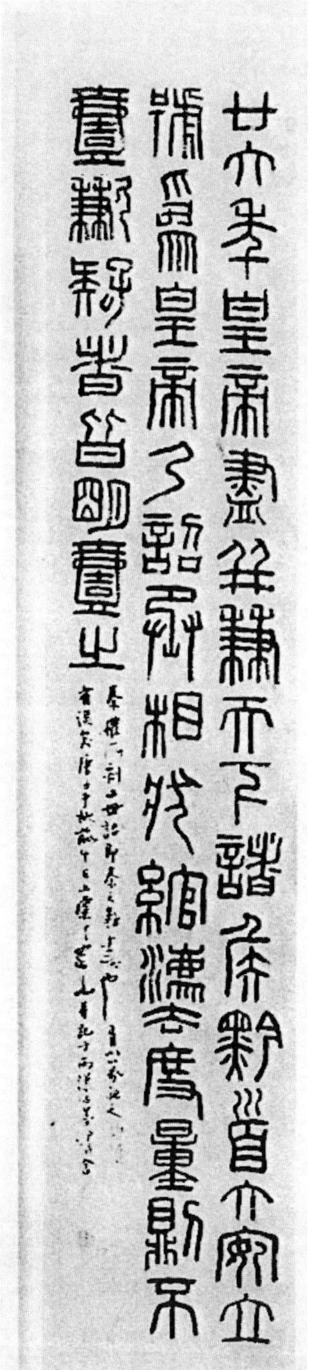

名稱：臨秦權二世詔古隸軸　5502
上虞丁念先先生書畫遺墨　書法之部　第十二頁之二
年代：民國四十九年（1960 年）
款文：秦權所刻二世詔，即秦之隸書也，有以篆視之者，誤矣，庚子中秋前十日，上虞丁念先并記于兩漢石墨精舍。

名稱：華山碑集聯　5503

丁念先家屬提供（書贈馬壽華即木軒道長西嶽華山廟碑對聯）

年代：民國四十九年（1960 年）

款文：木軒道長雅令，爲集西嶽華山廟碑字，即請教正。庚子初夏，上虞丁念先。

印：墨緣，不堪持贈，書宗兩漢，念先，丁守棠

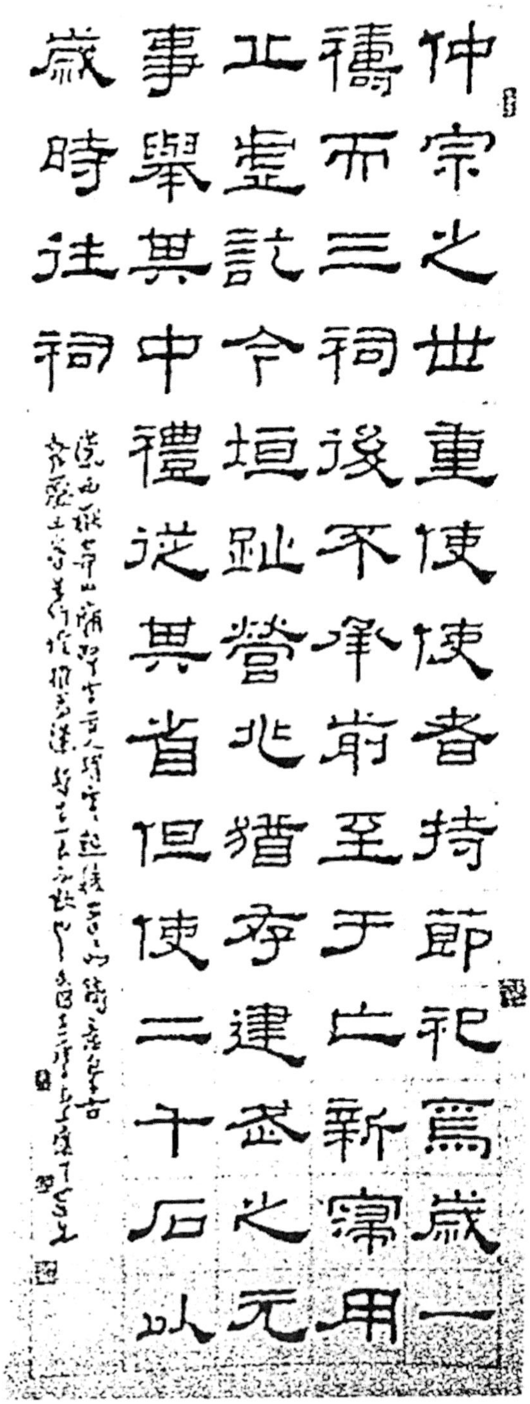

名稱：臨華山碑中堂　5504
摘自國立歷史博物館《典藏目錄藝術篇（二）》（黃光男發行，高玉珍主編，1999 年 6 月出版）第四十頁
年代：民國四十九年（1960 年）
縱 118.5cm、橫 44.5cm
款文：漢西嶽華山廟碑字，昔人謂，字字起稜，筆筆如鑄，意包千古，勢壓三峯，朱竹坨推爲漢隸第一，良不欺也。民國第一庚子春，上虞丁念先。
印：始寧□、□、□丁守棠

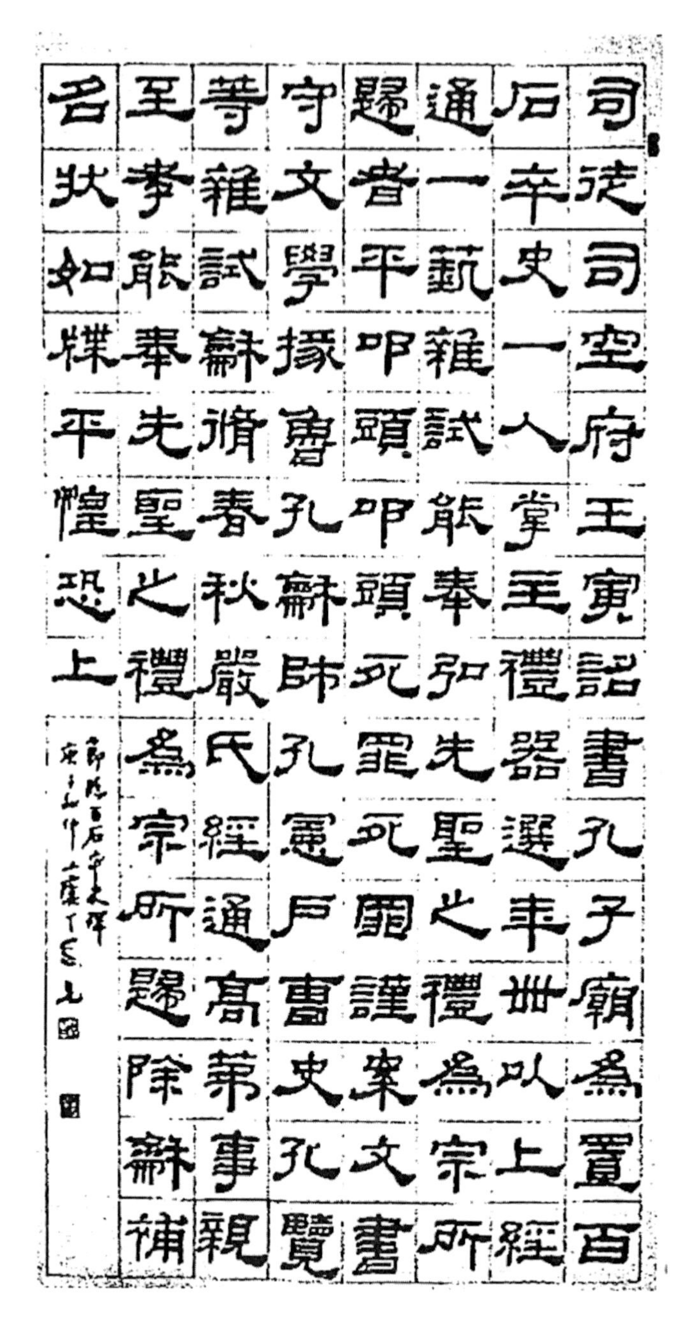

名稱：臨百石卒史碑（乙瑛碑）　5505
摘自國立歷史博物館《典藏目錄藝術篇（二）》（發行黃光男，高玉珍主編，1999年6月出版）第四十頁
年代：民國四十九年（1960年）
款文：節臨百石卒史碑，庚子秋仲，上虞丁念先。

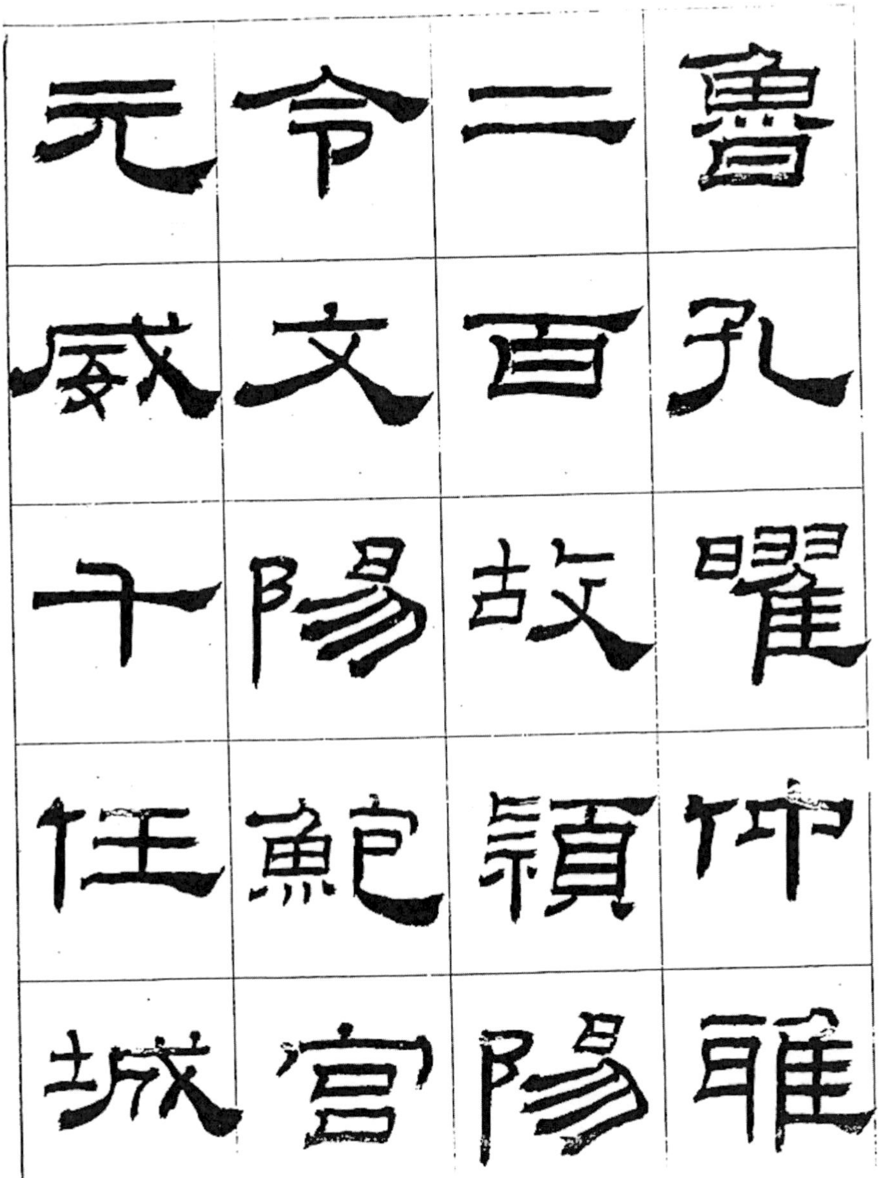
魯孔曜仲雅
二百故潁陽
令文陽鮑宮
元威千任城

名稱：臨禮器碑陰斗方　5506
　　　吳峰彰先生提供
年代：民國四十九年（1960 年）
款文：漢禮器碑碑陰字，應龍盦道兄正臨，庚子冬，上虞丁念先。
　印：上虞丁氏，念先長壽

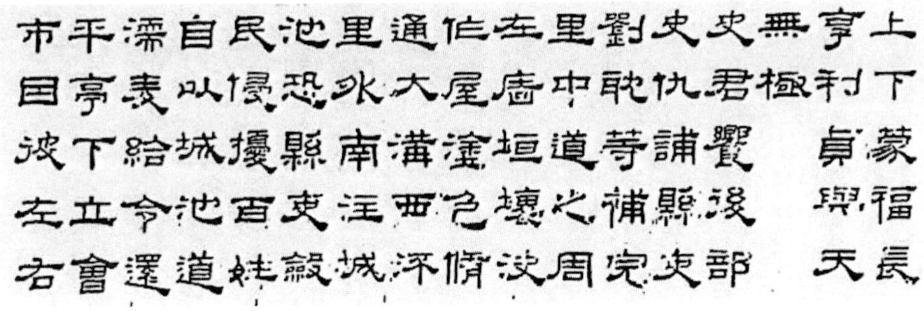

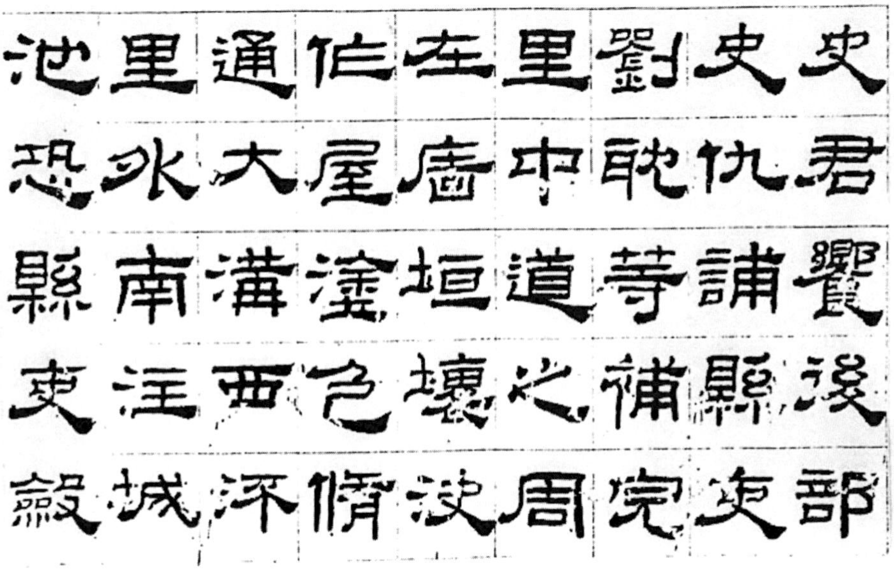

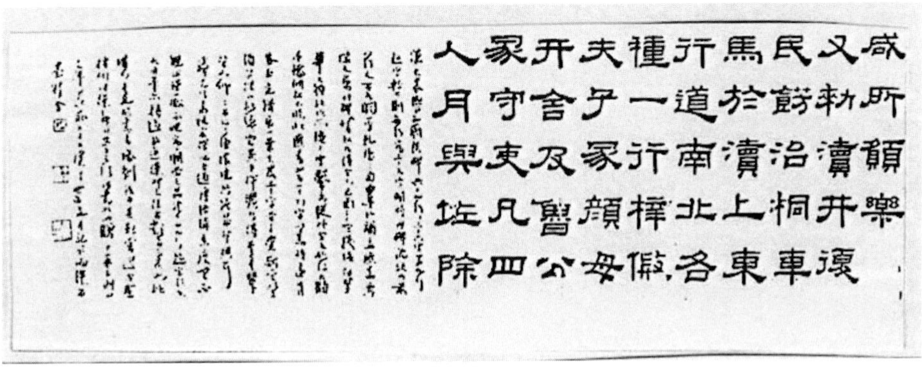

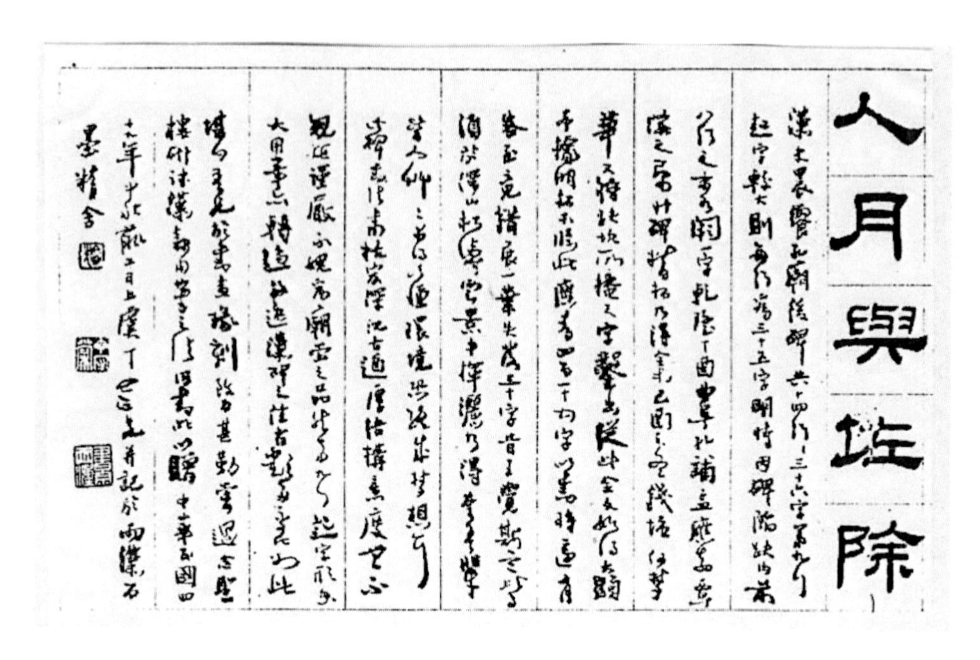

名稱：臨史晨後碑全文卷　5507
　　　吳平先生收藏（丁念先書贈史晨後碑，全長超過三十尺）
年代：民國四十九年（1960 年）
款文：「漢史晨饗孔廟後碑共十四行，行三十六字，第九行起字較大，則每行爲三十五字。明時因碑陷趺內，前八行之末各闕一字；乾隆丁酉，曲阜孔誧孟應翁覃溪之屬，升碑精拓乃得全本；己酉之冬，錢塘何夢華又將趺坎所掩之字鑿出，從此全文始得大顯。予據明拓本臨此，應爲四百一十五字，以書時適有客至，竟錯展一葉，失落三十字。昔王覺斯言，此事須於深山松濤雲景中揮灑乃得，奈吾輩勞人草草，求得此種環境，恐終成夢想耳。此碑書法肅括宏深，沉古遒厚，結構意度無不規矩謹嚴，不媿爲廟堂之品。然第九行起，字形忽大，用筆亦轉趨放逸，漢碑之佳者，類多變化如此。堪白吾兄於書畫篆刻致力甚勤，嘗過念聖樓研討漢隸用筆之法，因書此以贈。中華民國四十九年（1960）中秋前二日，上虞丁念先並記於兩漢石墨精舍。」
　印：念先，丁守棠，書宗兩漢

名稱：節韓仁銘軸　5508
摘自國立歷史博物館《館藏目錄藝術篇（二）》（黃光男發行，高玉玲主編，1994年6月出版）第四十頁。
年代：民國四十九年（1960年）縱119cm，橫45cm
款文：節臨漢聞熹長韓仁銘，中華民國四十九年二月，上虞丁念先。

名稱：隸書自署念聖樓讀畫小紀書簽
5601
上虞丁念先先生書畫遺墨　書法之部　第三十三頁之一
年代：民國五十年（1961 年）
印：丁、念先
按：民國五十年四月印行，文星雜誌社出版發行，於台灣省立博物館展出（1961・4・15）作品書，畫共一百件，包括唐人三件，宋人十二件，元人七件，明人四十二件，清朝人三十一件，民國初年人五件。此冊爲紀念聖樓畫書展覽品說明合計四十七頁。

名稱：仿鄧石如滄海對（仿鄧石如龍門長聯） 5601
上虞丁念先先生書畫遺墨　書法之部　第十三頁

年代：民國五十年書，五十一年題記（1961~1962 年）

款文：完白山人有此聯，款署嘉慶九年秋中節，是年山人六十二歲，以明年十月卒，蓋晚年精心之作也，雄渾遒麗允推鄧書之絕品，舊藏廉南湖小萬柳堂，上海中華書局，曾假景印行世，今原本已不可縱跡矣。辛丑長夏書此，略參山人筆法以明所本，次歲壬寅白露日（陰曆八月十二日）檢出，并記歲月於兩漢石墨精舍，上虞丁念先。

印：念先，丁守棠

名稱：篆書還門月一湖巨字（集散氏盤字） 5603
摘自國立歷史博物館《典藏目錄藝術篇二》（黃光男發行，高玉珍主編，1999 年 6 月出版）
年代：民國五十一年（1962 年）縱 308cm 橫 59cm
款文：壬寅秋八月，上虞丁念先。

君諱承字仲兗東萊府君之孫
大尉掾之中子右中郎將弟也
累葉牧守印紱典據十有餘人
皆德任其位名豐其爵是故寵
祿傳于歷世策薰著于王室君
鍾其美受性淵懿

節臨漢夏承碑
辛丑秋上虞丁念先

名稱：臨夏承碑軸　5604

上虞丁念先先生書畫遺墨　書法之部　第十五頁

年代：民國五十年（1961 年）

款文：節臨漢夏承碑，辛丑秋，上虞丁念先。

印：上虞丁氏，念先五十歲後作

名稱：臨鄭固碑軸　5605
　　　上虞丁念先先生書畫遺墨　書法之部　第十四頁
年代：民國五十年（1961 年）
款文：寒齋所藏「濟寧州學漢碑六種」爲銅梁王氏舊物。此郎中鄭固碑即其一也。雨
　　　牕漫臨略得形似矣，辛丑秋，上虞丁念先。
　印：上虞丁氏，念先五十歲後作

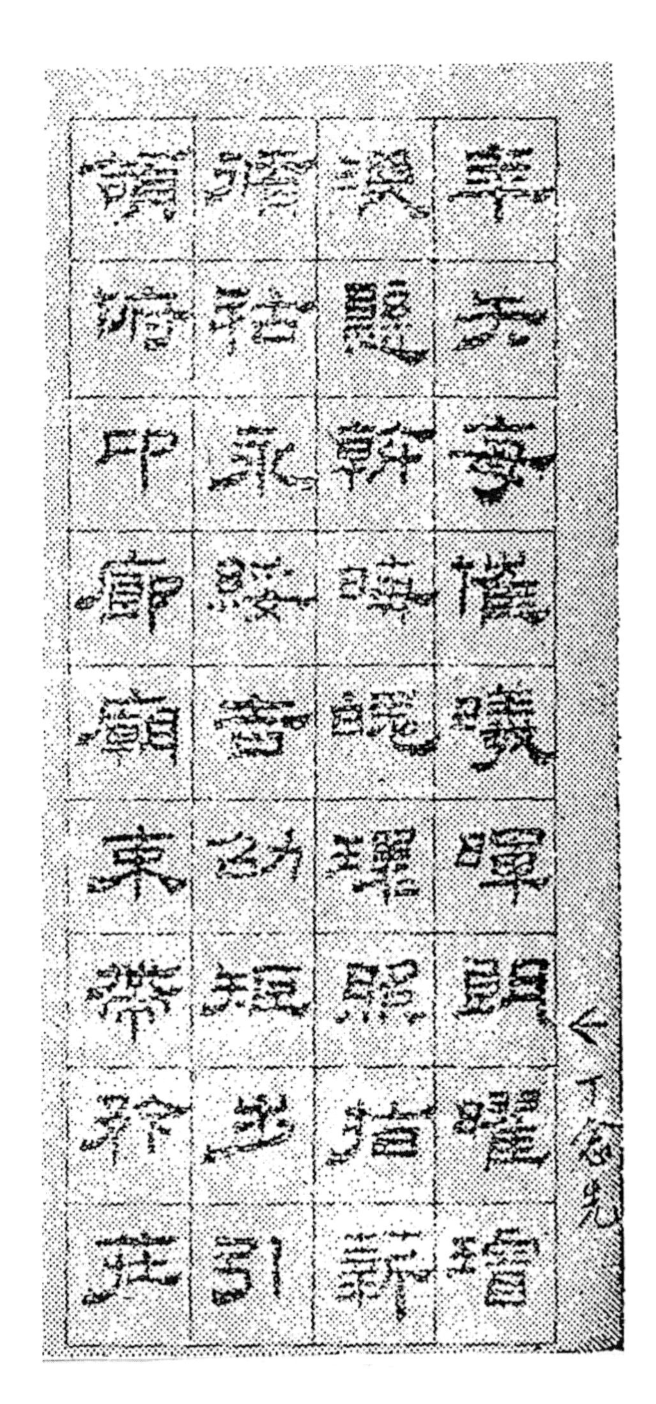

名稱：第三回十人書展隸書中堂　5606

　　　摘自十人書展第三回（張隆延，《暢流》雜誌，二十四卷，第八期，50121）

款文：無記年無款識但應爲民國五十年作品（1961 年）

按：文字內容錄自千字文

名稱：節臨韓仁銘字幀　5607
王參議禮騏先生提供
年代：民國五十年（1961 年）縱 100cm
橫 30cm
款文：漢聞憙長韓仁銘字，臨似俊卿生大雅之屬，辛丑秋，上虞丁念先。
印：念先丁守棠

名稱：臨史晨孔廟後碑　5608
　　　經莊永固同學請黃銀敦先生提供
年代：民國五十年（1961 年）
款文：史晨饗孔廟後碑，結體用筆俱極謹嚴，惟此段字體特大，漢碑（之）變化之多，
　　　不拘拘求整往往如此，辛丑九月，上虞丁念先。
　印：念先 丁守棠

名稱：集臨禮器碑七言聯句（漢碑集聯四屏之一）　5701
　　　上虞丁念先先生書畫遺墨　書法之部　第十八頁
年代：民國五十一年（1962 年）
款文：集韓勑禮器碑字，七言八聯，壬寅中秋，上虞丁念先書漢碑集聯之三。
　印：丁幹印信

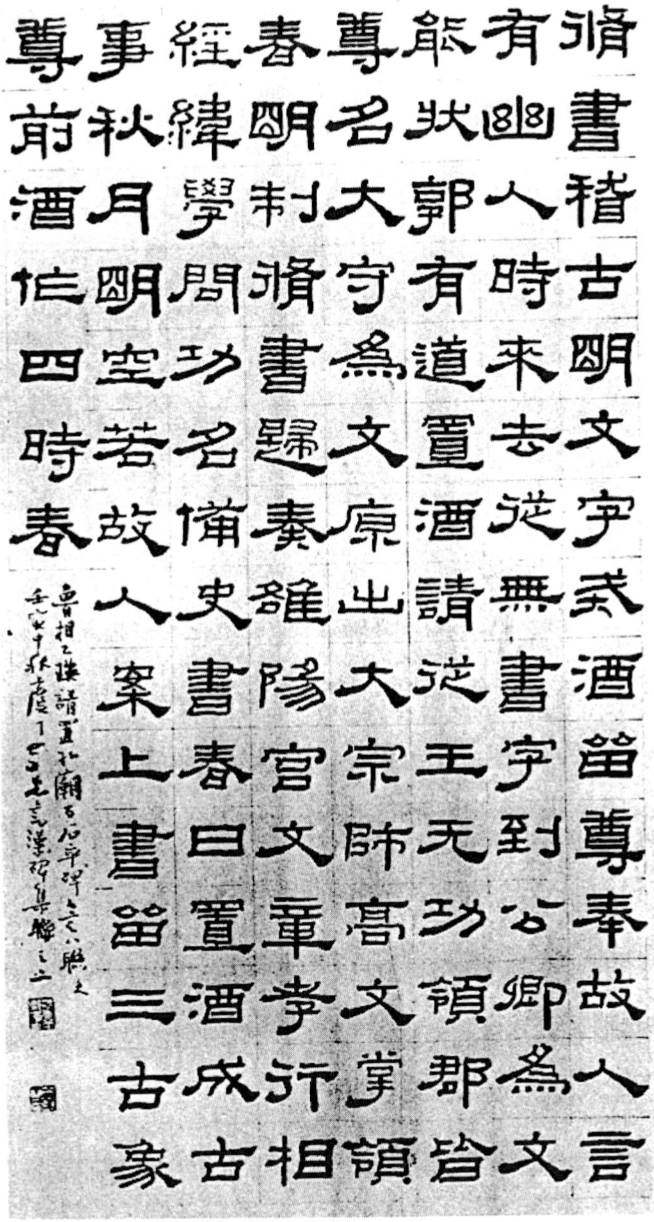

名稱：集臨乙瑛碑七言聯句（漢碑集聯四屏之一）　5702
　　　上虞丁念先先生書畫遺墨　書法之部　第十七頁
年代：民國五十一年（1962 年）
款文：魯相乙瑛請置孔廟百石卒史碑，七言八聯，壬寅中秋，上虞丁念先書漢碑集聯
　　　之二。
　印：念先五十歲後作，上虞丁氏

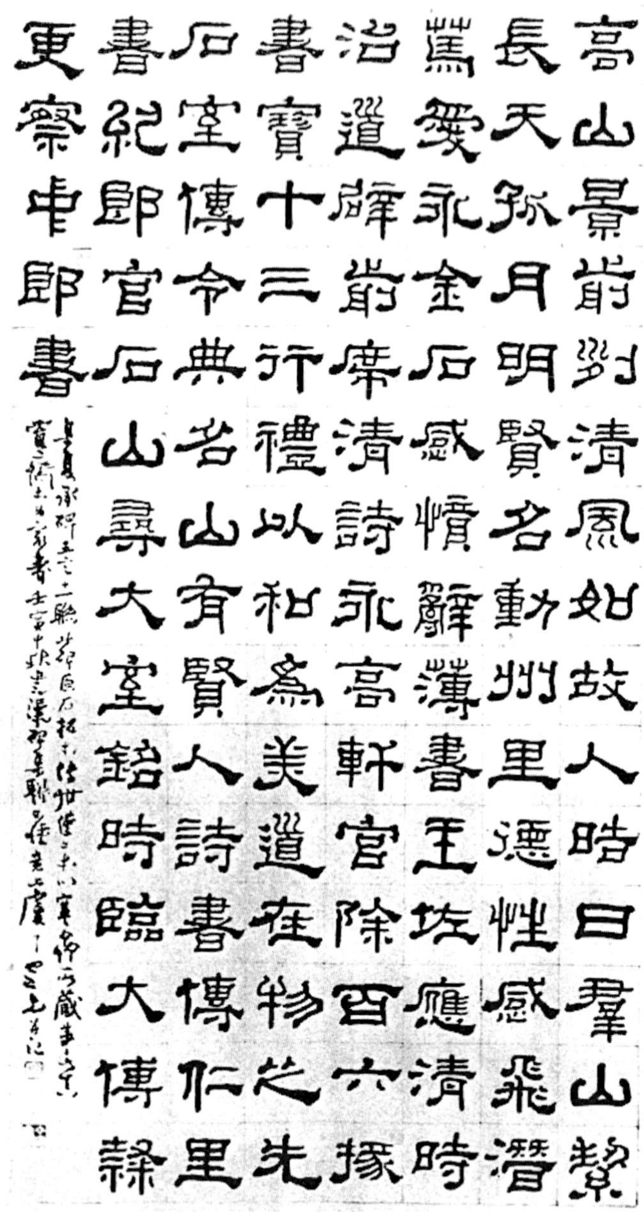

名稱：集臨夏承碑五言聯句（漢碑集聯四屛之一） 5703
上虞丁念先先生書畫遺墨 書法之部 第十九頁
年代：民國五十一年（1962 年）
款文：集夏承碑五言十一聯，此碑原石拓本傳世僅二本，以寒齋所藏華氏眞賞齋本爲最者，壬寅中秋書漢碑集聯四種竟，上虞丁念先并記。
印：念先，丁守棠

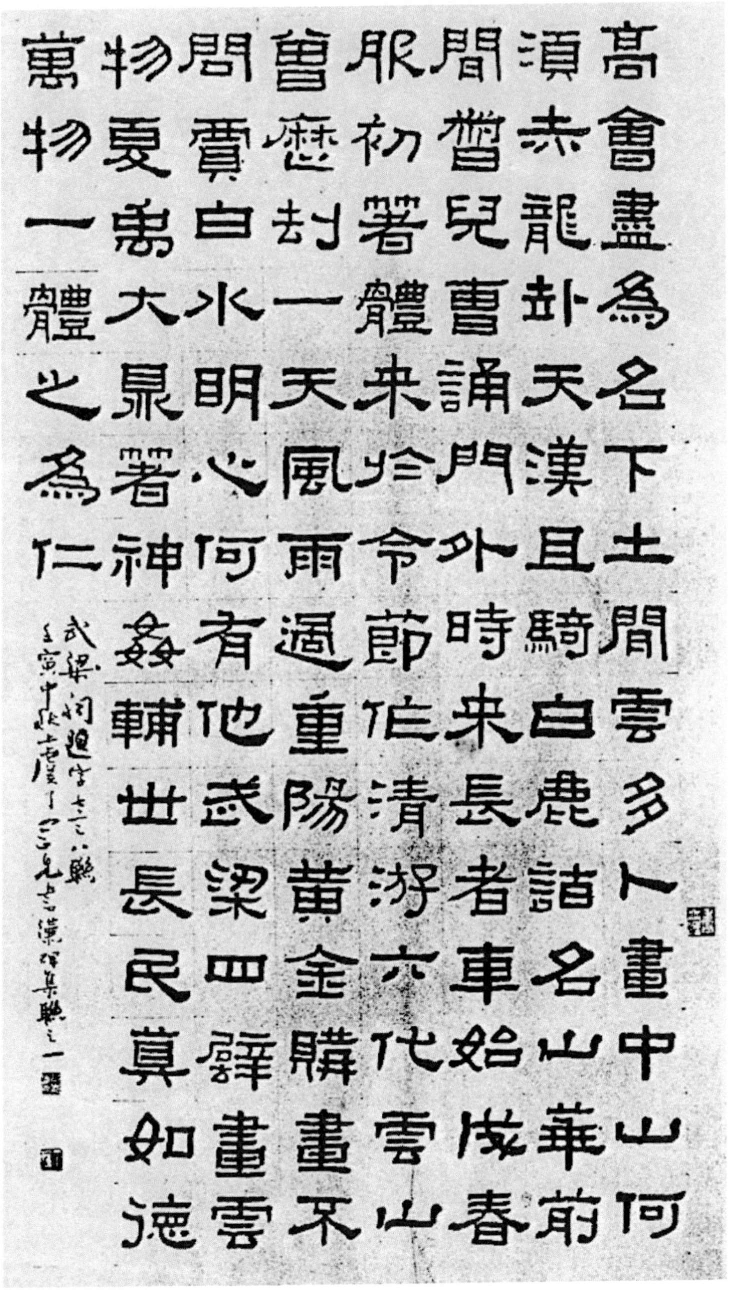

名稱：集臨武梁祠七言聯句（漢碑集聯四屏之一）　5704
　　　上虞丁念先先生書畫遺墨　書法之部　第十六頁
年代：民國五十一年（1962 年）
款文：武梁祠題字七言八聯，壬寅中秋，上虞丁念先書漢碑集聯之一。
　印：書宗兩漢，念先五十歲後作，丁幹

名稱：集鄭固碑字七言五聯中堂　5705
　　　摘自何創時書法藝術文教基金會 84.9.28 出版《光復五十年台灣書法展》第九十六頁
年代：民國五十一年（1962 年）縱 90cm，橫 43cm
款文：集漢鄭固碑字，得七言五聯，似亦仁先生方家雅屬，壬寅秋，上虞丁念先。
　印：史寧念先，丁守棠

名稱：中華文物題簽　5706
　　　摘自重編本《上虞丁念先先生書
　　　畫遺墨》第五十三頁
年代：民國五十一年（1962 年）
款文：此係故宮所藏選送國外展覽之英
　　　文圖錄，壬寅植樹節，懼翁署。

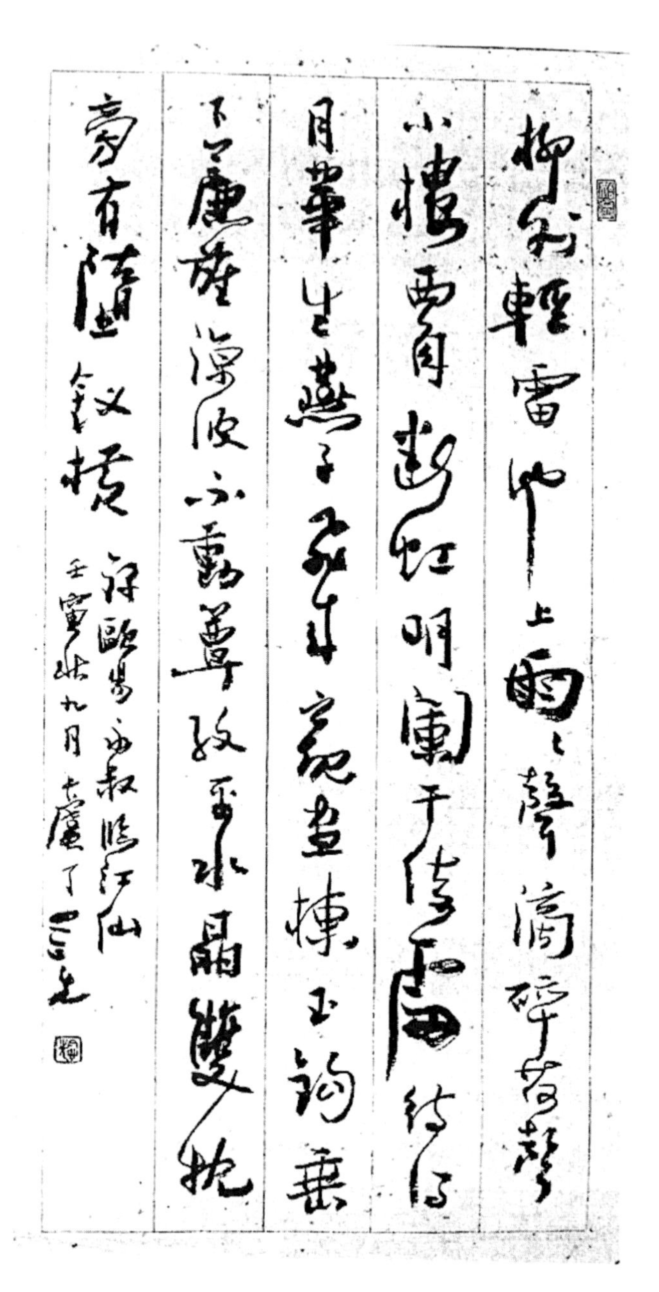

名稱：歐陽修臨江仙草書。（丁氏家族提供） 5707
年代：民國五十一年（1962 年）
釋文：柳外輕雷池上雨，雨聲滴碎荷聲，小樓西角斷虹明，闌干倚處，待得月華生。燕子飛來窺畫棟，玉鉤垂下簾旌。涼波不動簟紋平，水晶雙枕旁有墮釵橫。（蕭宗謀發行，《全宋詞》，世界書局，中華民國 73 年 3 月再版：第一冊、140 頁）
款文：錄歐陽永叔臨江仙，壬寅秋九月，上虞丁念先。

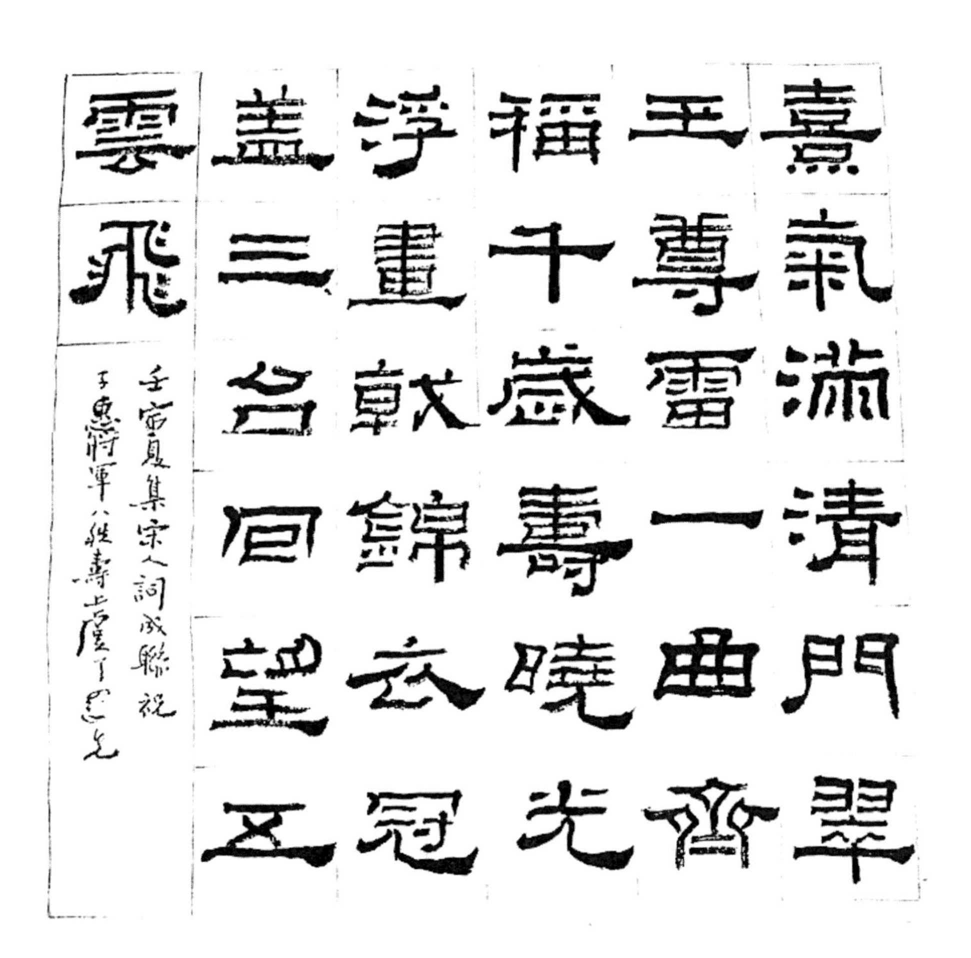

名稱：祝子惠八秩壽集宋人詞隸書聯，(丁氏家屬提供)　5708
年代：民國五十一年（1962 年）
款文：壬寅夏集宋人詞成聯，祝子惠將軍八秩壽，上虞丁念先。
印：未蓋印

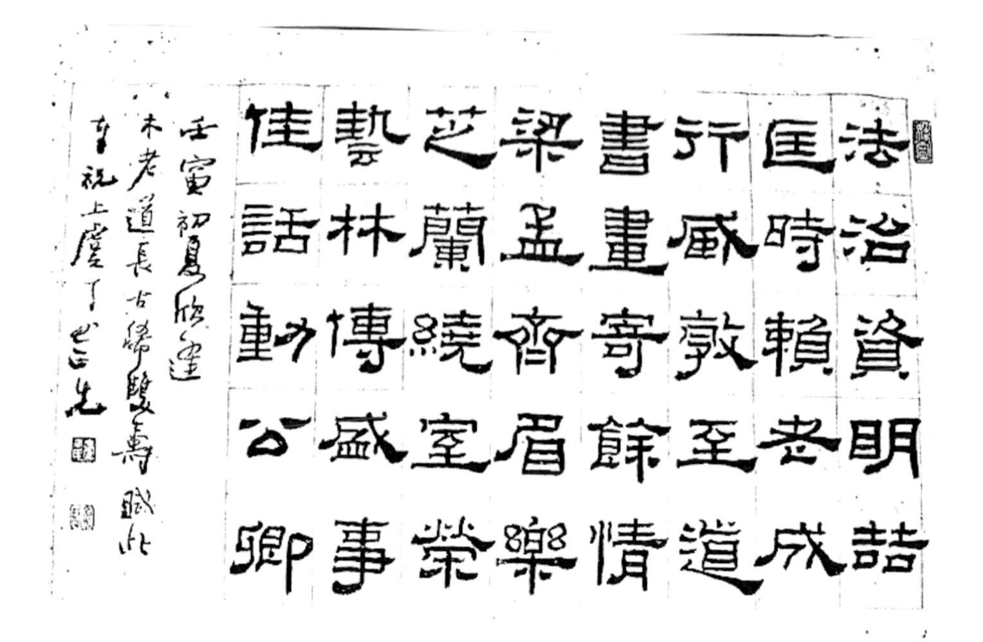

名稱：祝木老双壽五言隸書對，（丁氏家屬提供）　5709
年代：民國五十一年（1962年）
款文：壬寅初夏欣逢木老道長古稀雙壽，賦此奉祝，上虞丁念先。
　印：上虞丁氏，念先長壽

孝武皇帝脩封禪之禮思登假
之道巡省五嶽禮祀豐備故立
宮其下宮曰集靈宮壂曰存僊
壂門曰望僊門

漢西嶽華山廟碑長垣本
壬寅新正上虞丁念先

名稱：臨西嶽華山廟碑軸　5710
（涂璨琳收藏曾出現在中華印刷廠，民國五十一年出版《當代名家書畫集》）
年代：民國五十一年（1962）
款文：漢西嶽華山廟碑長垣本，壬寅新正，上虞丁念先。
印：念先　丁守棠

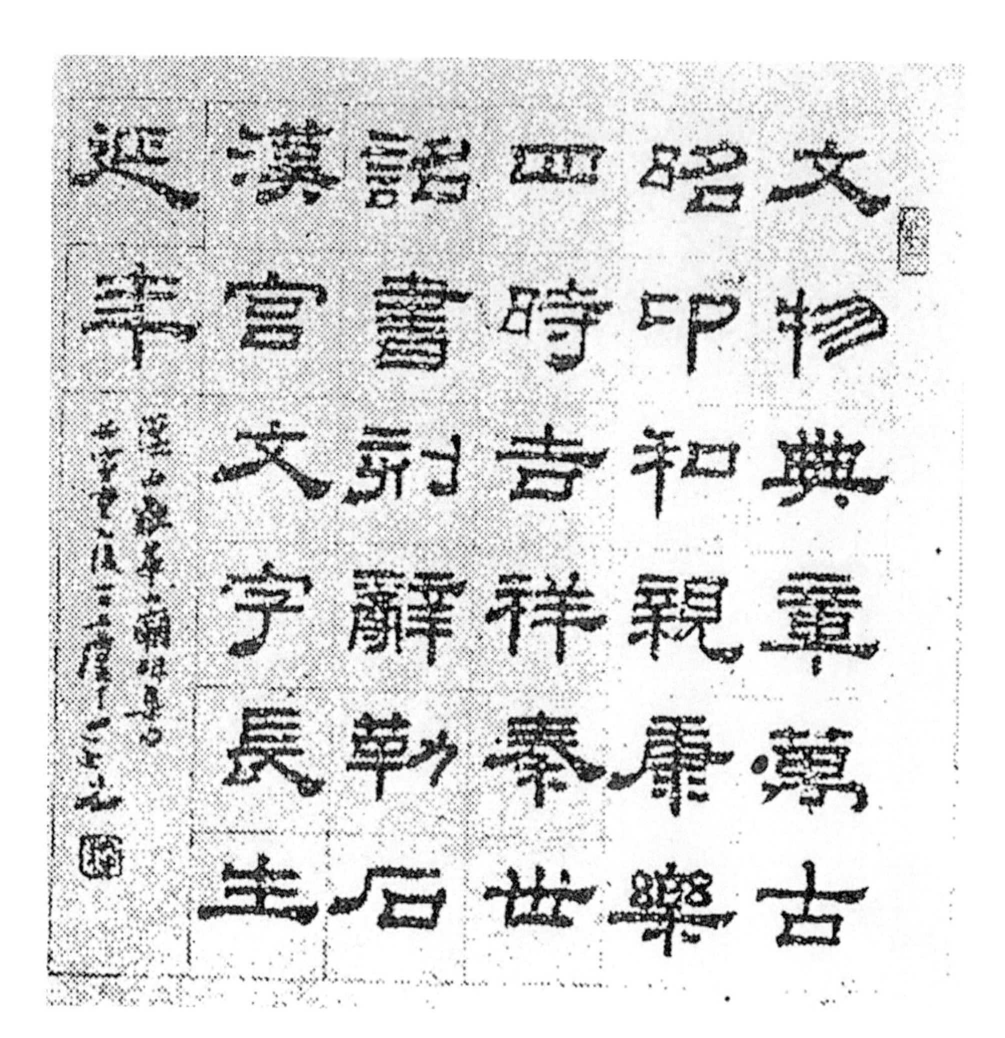

名稱：臨西嶽華山廟碑集句斗方　5711
　　　摘自暢流雜誌十人書展第五回（第二十八卷第七期，封面裡、52、11、16）
年代：民國五十一年（1962 年）
款文：漢西嶽華山廟碑集句，壬寅重九後一日，上虞丁念先。
　印：念先。始寧

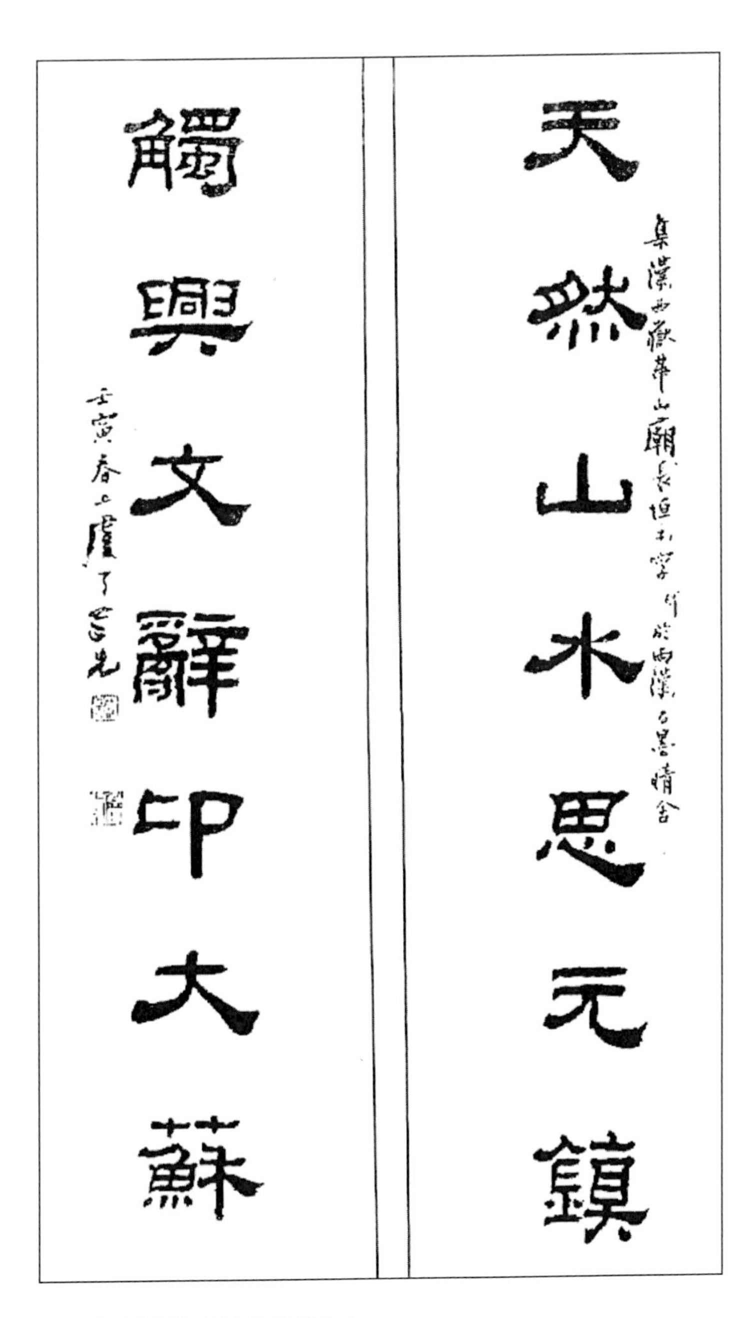

名稱：小幅天然山水對聯（華山碑集句）　5712
　　　涂璨瑝收藏
年代：民國五十一年（1962 年）縱 64cm 橫 12cm
款文：上聯款：集漢西嶽華山廟碑長垣本於兩漢石墨精舍。
　　　下聯款：壬寅春，上虞丁念先。
印：念先 丁守棠

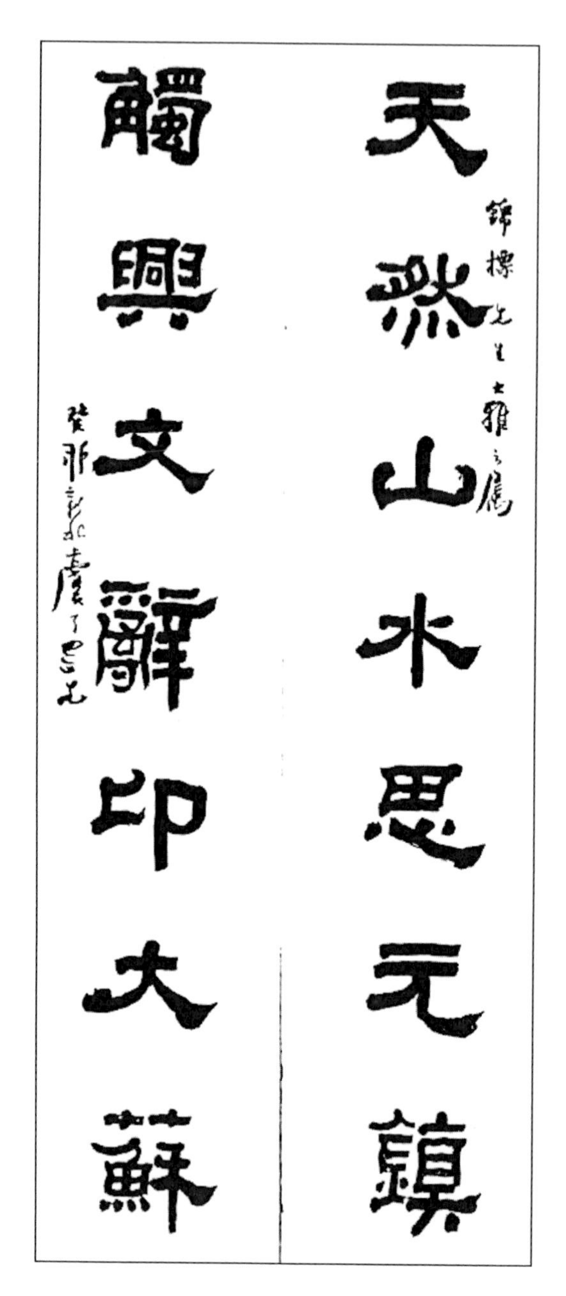

名稱：大天然山水對聯（華山碑集句）　5801
　　　涂璨琳收藏
年代：民國五十二年（1963 年）縱 130cm 橫 20.5×2cm
款文：上聯款：錦標先生大雅之屬。
　　　下聯款：癸卯新秋，上虞丁念先。
印：始寧、墨緣、念先，丁守棠

名稱：臨史晨後碑軸　5802
上虞丁念先生書畫遺墨　書法之部　第二十二頁
年代：民國五十二年（1963 年）
款文：節臨漢史晨饗孔廟後碑字，癸卯重陽後二日，上虞丁念先并記。
印：上虞丁氏，念先五十歲後作 念聖樓。

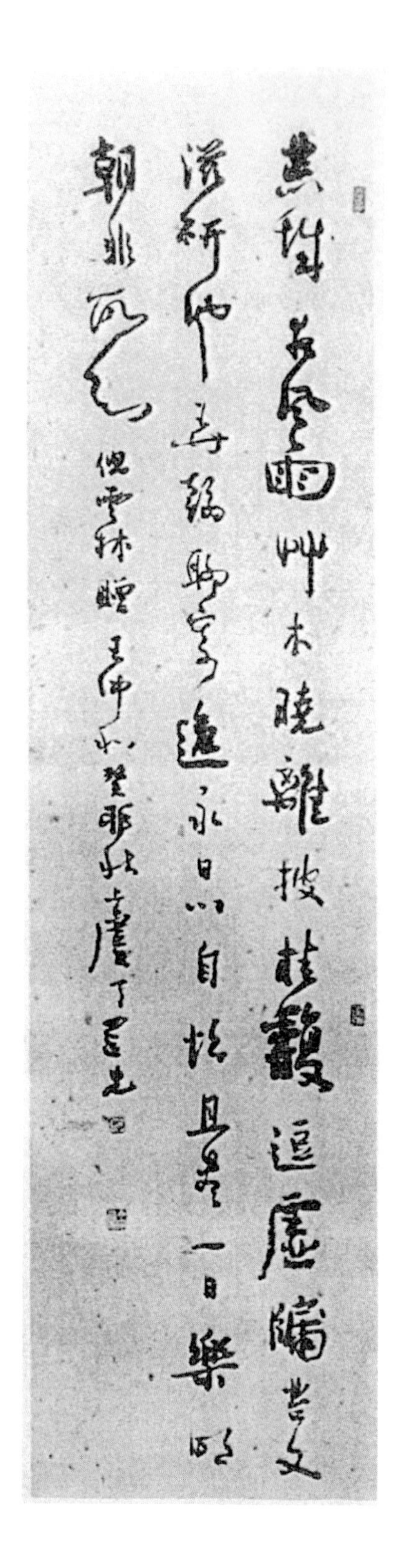

名稱：草書倪雲林五言律詩軸
（行書五言律詩軸） 5803
上虞丁念先生書畫遺墨 書法之部 第二十一頁。
年代：民國五十二年（1963 年）
倪雲林五言古詩、贈王仲和《倪雲林先生詩集》卷一、第十二頁（註：四部叢刊初編集部，上海商務印書館縮印，秀水沈氏藏明天順本，中央圖書館台灣分館所藏原爲丁念先舊藏）
釋文：荒城夜風雨、草木曉離披
桂馥逗虛牖、苔文滋硯池
弄翰聊寄逸、永日以自怡
且盡一日樂、明朝非所知。
款文：倪雲林贈王仲和，癸卯秋，上虞丁念先。
印：□、墨緣、念先、丁守棠。

名稱：集散氏盤銘五言聯句軸

5804

上虞丁念先生書畫遺墨

書法之部　第二十四頁

年代：民國五十二年（1963 年）

款文：周散氏盤銘集句，癸卯立冬後二日，上虞丁念先。

印：始寧、□、念先、丁守棠

名稱：喬木擁千章隸書聯　5805
上虞丁念先先生書畫遺墨　書法之部　第二十頁
年代：民國五十二年（1963 年）
款文：蘇軾臨江仙、吳淵沁園春、王千秋風流子、吳文英一剪梅，娉華媚竹館宋詞集聯，癸卯二月，上虞丁念先。
源於《娉花媚竹館宋詞集聯》卷四，第二頁，最後第三對
印：上虞丁氏，丁，念先

名稱：畫鷁旁篙行隸書聯　5806
上虞丁念先先生書畫遺墨　書法之部　第二十頁之二
年代：民國五十二年（1963 年）
款文：吳潛水調歌頭、陳德武水龍吟、趙長卿夜行船、趙溍臨江仙、高觀國夜合花、張孝祥鷓鴣天。癸卯初秋書娉花媚竹館宋詞集聯，上虞丁念先。（源於《娉花媚竹館宋詞集聯》卷二，第六頁，最後第五對）
印：上虞丁氏，□

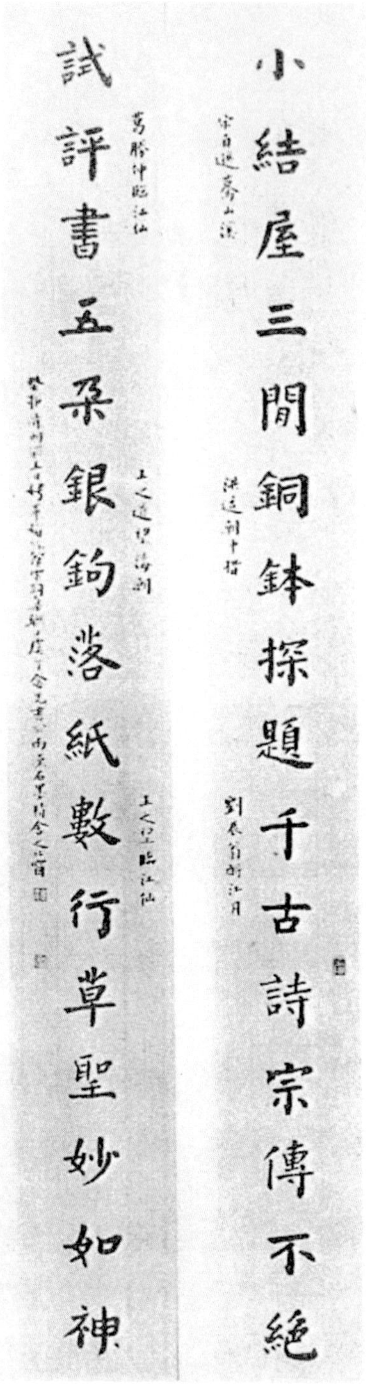

名稱：小結屋三間楷書聯　5807
上虞丁念先先生書畫遺墨　書法之部　第二十一頁
年代：民國五十二年（1963 年）
款文：宋之遜薵山溪、洪适朝中措、劉辰翁酹江月、葛勝仲臨江仙、王之道望海潮、王之望臨江仙、癸卯清明前五日娉華媚竹館宋詞集聯，上虞丁念先書於兩漢石墨精舍之北窗。
印：墨後，上虞丁氏，念先

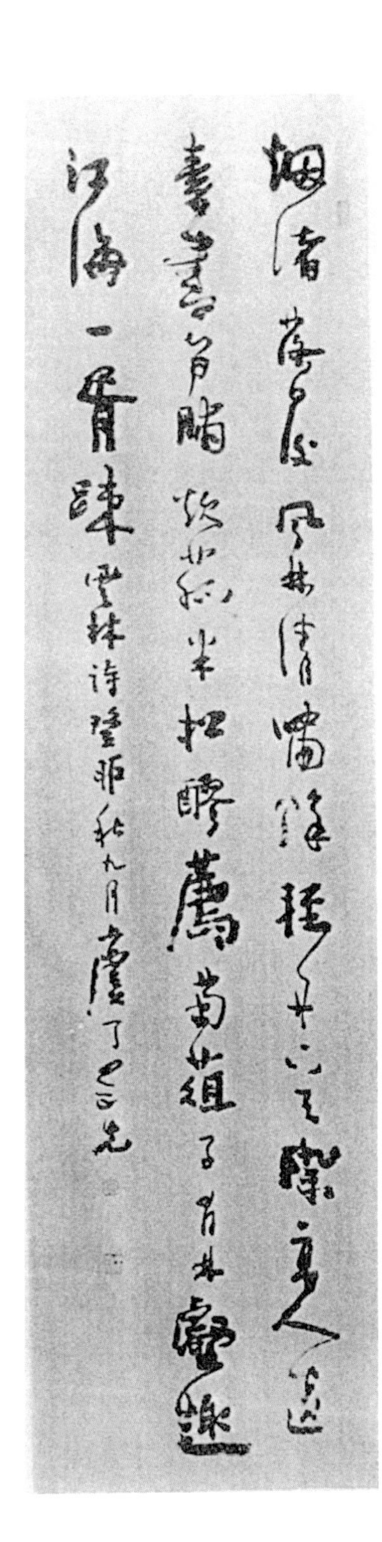

名稱：草書倪雲林五言律　5808
上虞丁念先先生書畫遺墨　書法之部　第二十三頁
年代：民國五十二年（1963 年）
釋文：倪瓚五言律詩《寄張景昭》
煙渚落日後，風林清嘯餘，輕舟下天際，高人遺素書，笋脯炊菰米，松醪薦菊葅，子有林壑趣，江湖一迂疎（此五言律詩見之於國立中央圖書館印行《清閟閣全集》第 107 頁）
款文：雲林詩，癸卯秋九月，上虞丁念先。
印：印：始寧，念先，丁守棠

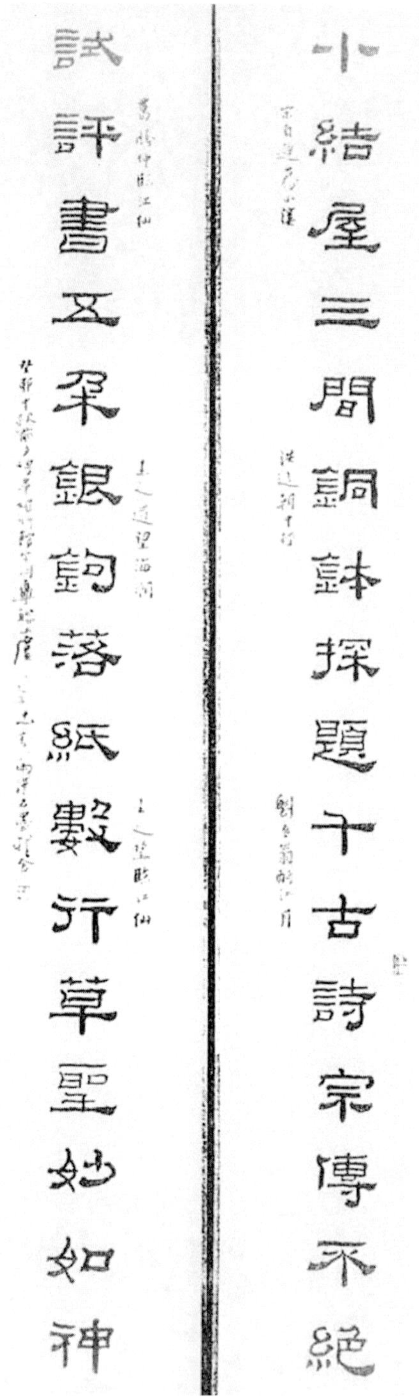

名稱：小結屋三間隸書聯　5809
涂璨琳收藏（同書畫遺墨第二十一頁　楷書聯句）
年代：民國五十二年（1963 年）
縱 136cm-橫 16cm ×2
款文：癸卯中秋前夕娉花媚竹館宋詞集聯，上虞丁念先書於兩漢石墨精舍。
印：始寧－墨緣－上虞丁氏，念先長壽

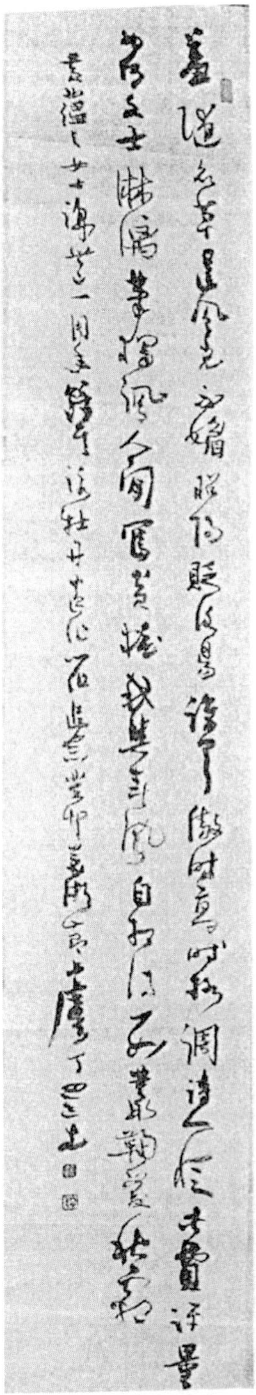

名稱：詠牡丹草書　5810
　　　丁氏家族提供
年代：民國五十二年（1963 年）
釋文：羞隨名草逞風光，不媚昭陽貶後陽。誰具傲時高（時）格調，詩人從此費評量。如何文士淋漓筆，獨諷人間富貴粧。我與春風自相得，一如叢鞠愛秋霜。黃蘊之女士謝世一周年，錄其詠牡丹遺作以作追念，癸卯美術節，上虞丁念先。
印：丁守棠印，念先

名稱：華山碑集句　五言十二聯（涂璨琳收藏）　5811
年代：民國五十二年（1963年）
款文：書漢西嶽華山廟碑集句，五言十二聯，中華民國第一癸卯重十日，上虞丁念先。
　印：上虞丁氏　念先五十歲後作　始寧

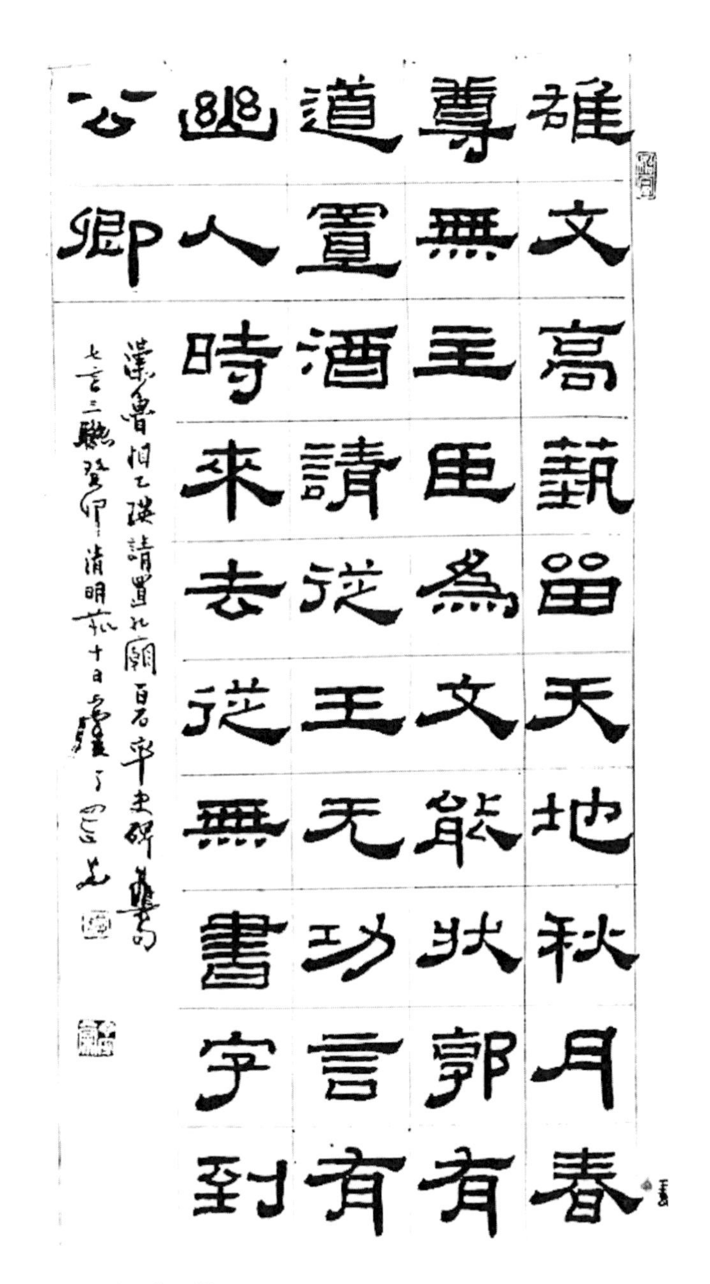

名稱：書乙瑛碑集句七言三聯　5812
　　　涂璨琳收藏（曾出現在《四十年來台灣地區美術發展研究之五》麥鳳秋書法研究第 164 頁圖 36，1996 年 1 日台灣省立美術館發行）

年代：民國五十二年（1963 年）

款文：漢魯相乙瑛請置孔廟百石卒史碑集句，七言三聯，癸卯清明前十日，上虞丁念先。

　印：始寧念先　丁守棠

名稱：乙瑛碑集句七言四聯 5813

摘自重編上虞丁念先先生書畫遺墨第三十頁，原圖版攝製時漏失未印最下一列，所缺應爲「文」「行」「學」三字，摘自漢碑集聯大觀第二集。

年代：民國五十二年（1963 年）

款文：漢乙瑛碑字集句，七言四聯，癸丑新秋，上虞丁念先。

名稱：臨禮器碑陰軸　5814
　　　薛志揚先生提供
年代：民國五十二年（1963 年）
　　　縱 100cm 橫 29cm
款文：傳世漢隸佳者雖多，然無過於韓勅，瘦勁古茂與他刻不同。偶爲榮正先生臨此，於運腕用筆略得形似耳，甲辰長至夜，上虞丁念先。
印：丁念先　丁守棠　始寧

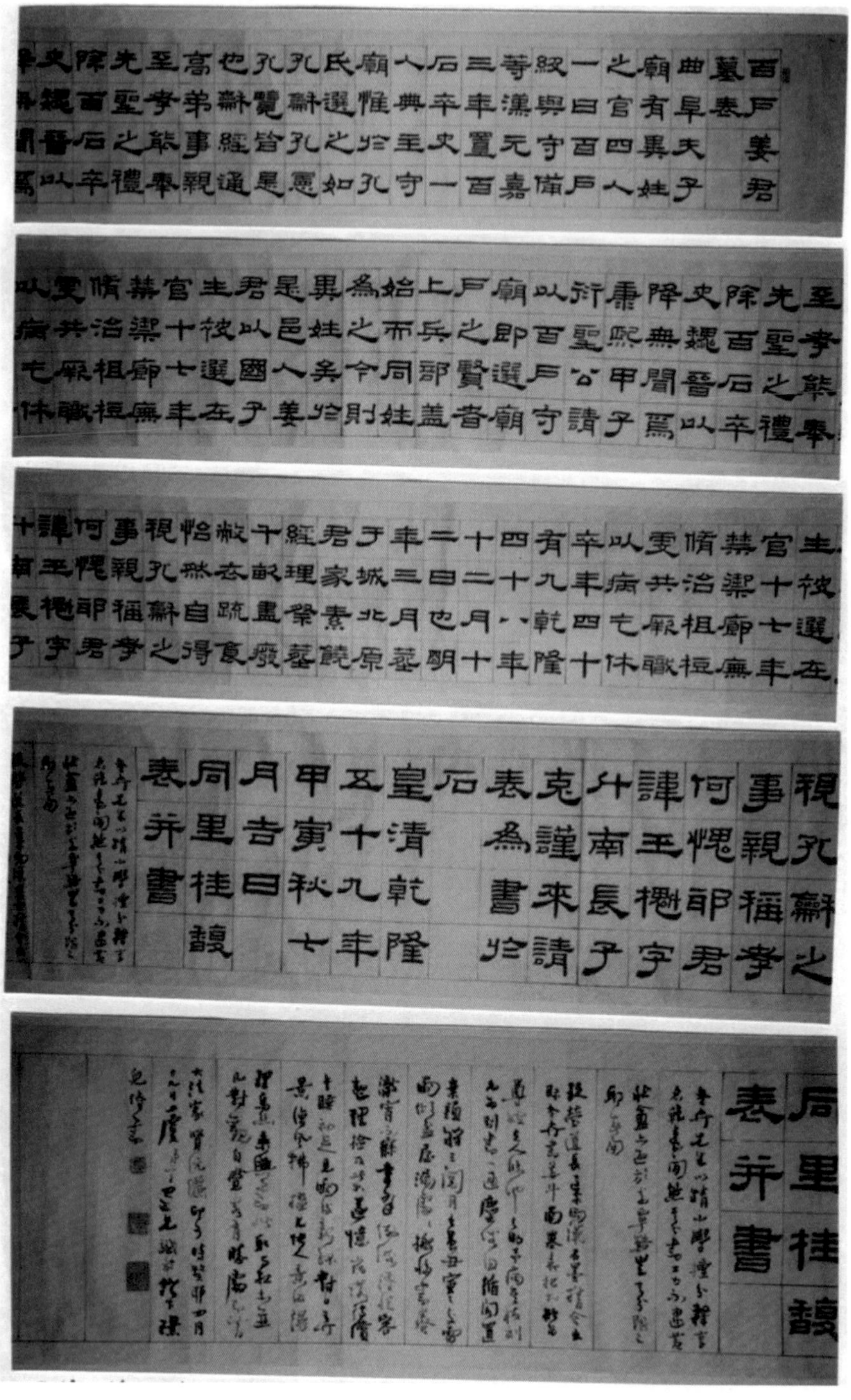

百戶姜君墓表
夫子曲阜異姓廟有四人之官百戶一日守備紋與百嘉等漢元百三年置一石辛史守人典王孔廟惟於如氏選之惠孔龢孔是孔麓皆通也龢經親高弟事奉至孝能禮先聖之卒降百石以史魏晉爲

降無闕爲康熙甲子衍聖公請以百戶守廟即選廟戶之賢者上兵部蓋始而同姓爲之令財異姓矣於是邑人姜君以國子生被選在官十七年耕渠廟廡脩治祖楨雯共廨職以病乇休

辛年四十有九乾隆四十··年十二月十二日也明年三月墓子城北原君家素饒經理祭墓十畝盡廢敝衣疏食怡然自得視孔龢之事親福孝何愧卽君諱王櫆字什南長子

克謹來請表爲書於石
皇清乾隆五十九年甲寅秋七月吉日
同里桂馥表并書

名稱：百戶姜君墓表隸書長卷　5815　（台南吳棕房先生提供約縱 30cm 橫 510cm）
年代：民國五十二年（1963 年）

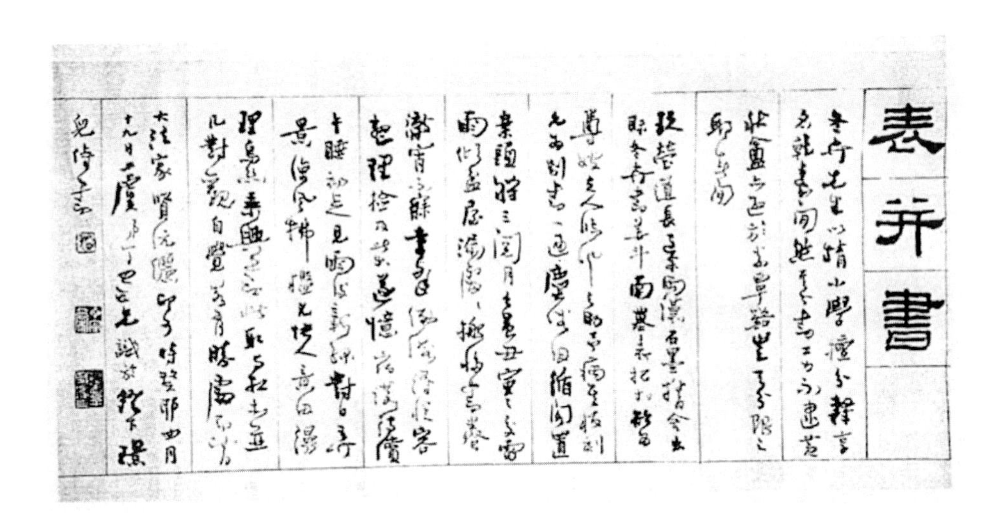

款文：「冬卉先生以精小學、擅分隸，享名乾、嘉間，然其分書工力不逮黃秋盦（黃易），亦遜於翁覃谿，豈天分限之耶。春間玖瑩道長過余兩漢石墨精舍，出示冬卉書姜斗南墓表拓本，欲爲尊嫂夫人臨池之助，予病其板刻，允爲別書一通。塵俗因循擱置案頭將三閱月，今晨丑寅之交，雷雨傾盆，屋漏處處，搬移書卷，撤宵不寐，幸逢例假，得從容整理，檢及此出，遂憶宿諾待償。午睡初足，見雨後新綠，對日弄景，徐風拂檻尤快人意，因漫理烏絲乘興書此，取其拓本並几對觀，自覺略有勝處，即訾大法家賢伉儷印可，時癸卯四月十九日上虞弟丁念先識於鐙下，璟兒侍書。」

印：念先　丁守棠　念先五十歲後作

名稱：隸書六言聯　5901

上虞丁念先先生書畫遺墨　書法之部　第二十六頁

年代：民國五十三年（1964 年）

款文：甲辰秋九月，上虞丁念先。

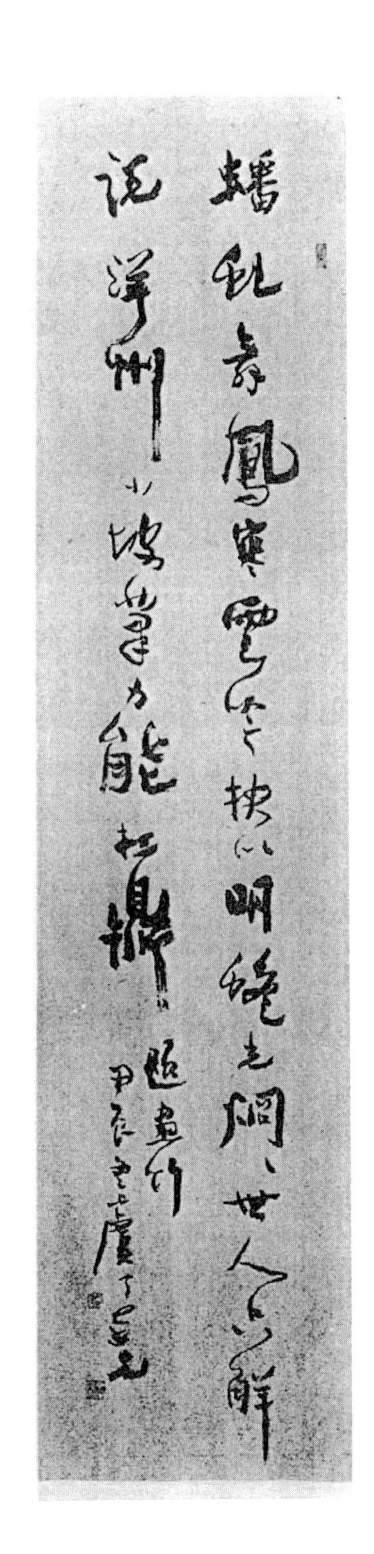

名稱：行書七絕詩軸　5902
（草書倪瓚七言絕句話竹詩）
上虞丁念先先生　書畫遺墨　第二十七頁
年代：民國五十三年（1964 年）
款文：題畫竹，甲辰冬，上虞丁念先。
釋文：倪瓚七言絕句《畫竹》
蟠虬舞鳳寒雲冷，挾以明蟾光炯炯，
世人只解說洋州，小坡筆力能扛鼎。
（此句見之於《清閟閣全集》第 358 頁）
印：念先　丁守棠

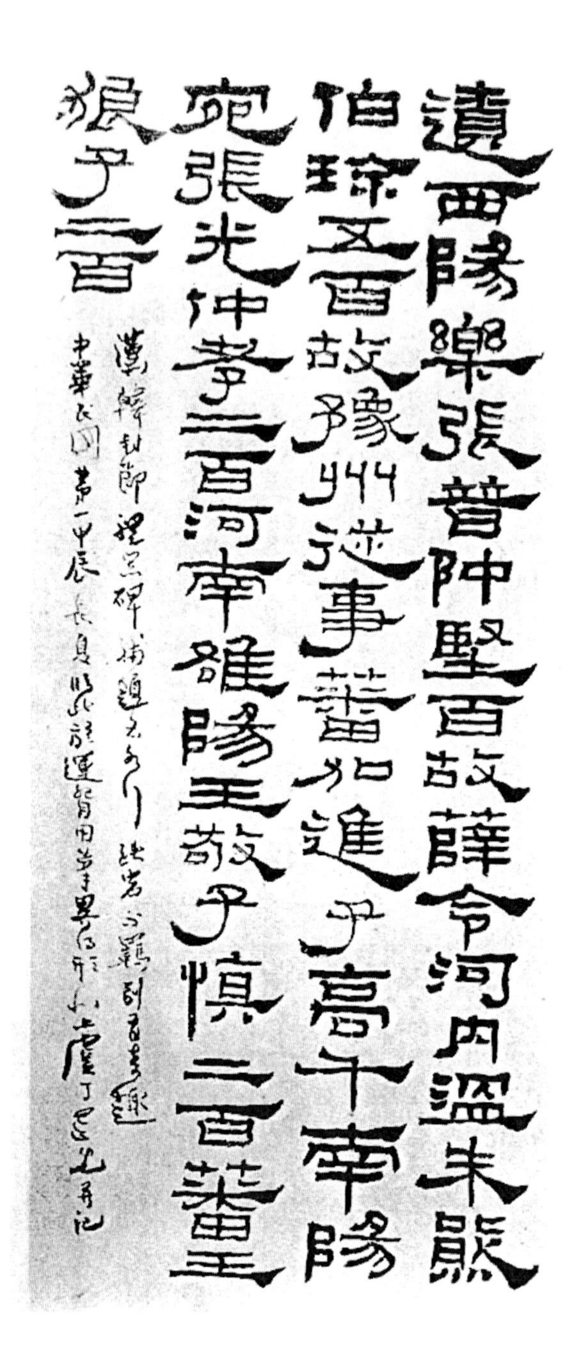

名稱：節臨禮器碑陰及側題名軸　5903（臨禮器碑陰題名軸）
上虞丁念先先生書畫遺墨，書法之部第二十五頁之一
年代：民國五十三年（1964 年）
款文：漢韓叔節禮器碑，補題名數行，跌宕不羈別有奇趣。中華民國第一甲辰長夏臨此，於運腕用筆略得形似，上虞丁念先并記。

名稱：節臨禮器碑陰題名軸　5904
上虞丁念先先生書畫遺墨　書法之部　第二十五頁之二
年代：民國五十三年（1964 年）
款文：漢韓叔節禮器碑，碑陰題名，甲辰冬月，上虞丁念先。
印：墨緣　上虞丁氏　念先長壽

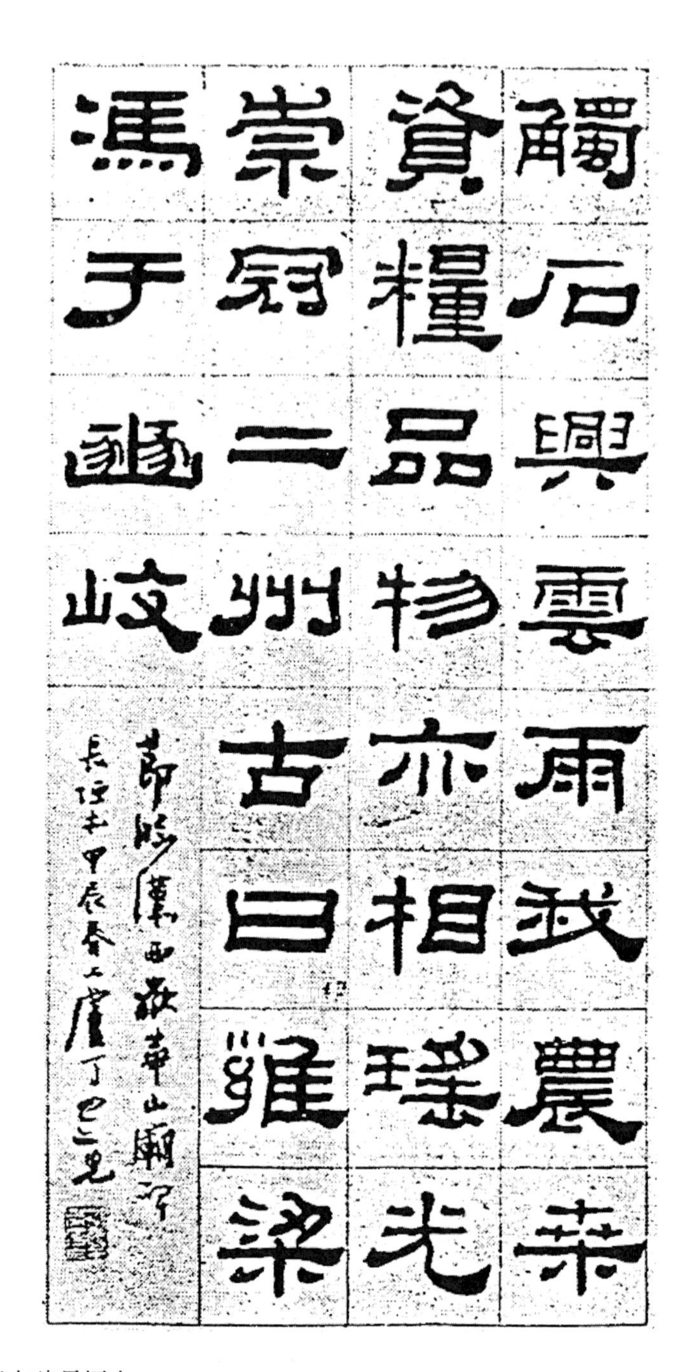

名稱：臨華山碑長垣本　5905
　　　摘自重編本上虞丁先生　書畫遺墨　第二十九頁
年代：民國五十三年（1964 年）
款文：節臨漢西嶽華山廟碑長垣本，甲辰春，上虞丁念先。
　印：丁念先五十歲後作

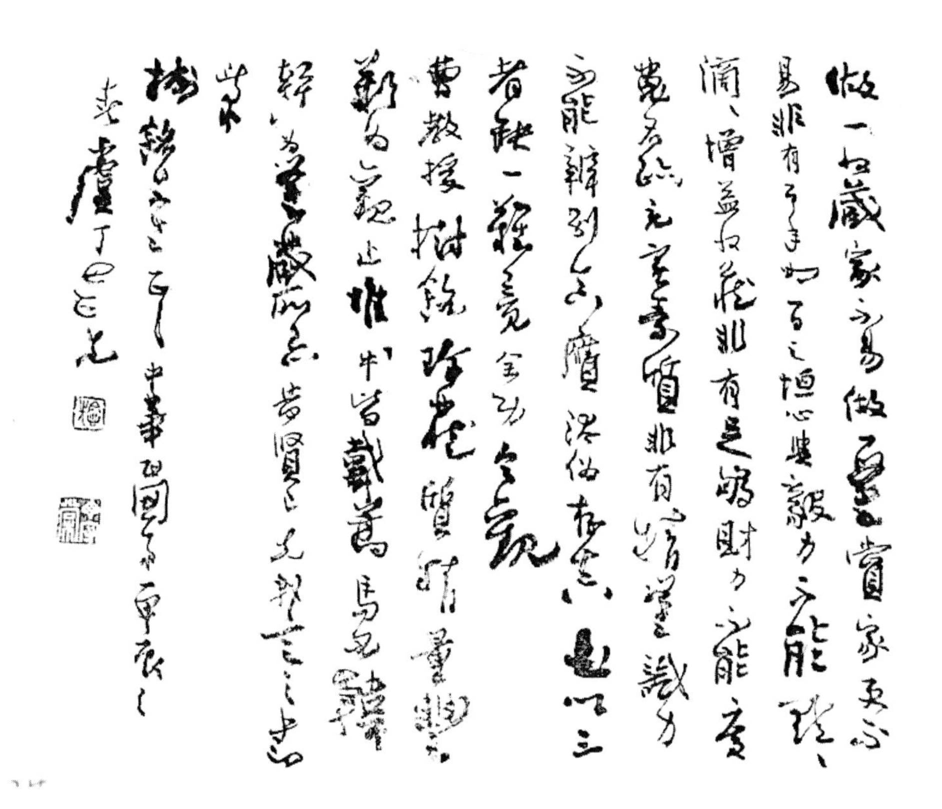

名稱：鑑藏論草書　5906
丁氏家屬提供
年代：民國五十三年（1964 年）
釋文：做一收藏家不易。作一鑑賞家更不易，非有百年如一日之恆心與毅力，不能點點滴滴增益收藏；非有足夠財力，不能廣蒐名跡充實素質；非有精鑑識力，不能辨別眞贗，汰僞存眞，是以三者缺一難竟全功。今觀曹教授樹銘珍藏，質精量豐，嘆爲觀止，惟「牛皆戴嵩，馬必韓幹」爲鑑藏所忌，昔賢已先我言之，書此求。
款文：樹銘先生正之，中華民國第一甲辰之春，上虞丁念先。
印：念先　丁守棠

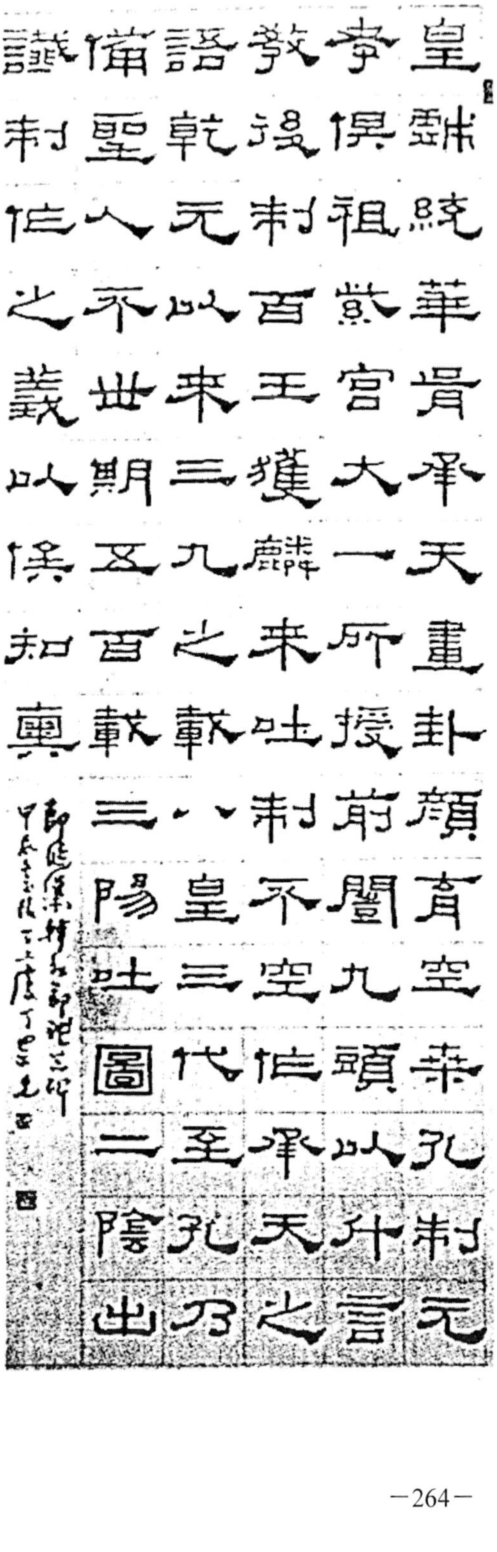

名稱：臨禮器碑中堂　5907
摘自國立歷史博物館《典藏目錄藝術篇（二）》（黃光男發行，高玉珍主編，1999 年 6 月出版）第十七頁
縱 132.5cm 橫 51.5cm
年代：民國五十三年（1964 年）
款文：節臨漢韓叔節禮器碑，甲辰冬至後一日，上虞丁念先。

名稱：史晨集句七言四聯　5908
摘自吳峰彰先生提供國立台灣藝術教育館《筆情墨趣》年度主題展中國書法藝術（86年4月）
年代：民國五十三年（1964年）
款文：漢史晨碑集句，七言四聯，似子步先生大雅之屬，甲辰春，上虞丁念先。
印：念先　丁守棠

名稱：文采漢機軸隸書聯　6001
上虞丁念先先生　書畫遺墨　書法之部第二十七頁之二
年代：民國五十四年（1965 年）
款文：劉過水調歌頭，陳亮水調歌頭，周邦彥西沙慢，晏殊清平樂，乙巳新秋集宋四家詞成聯，上虞丁念先。
印：上虞丁氏
按：此聯刊於《娉花媚竹館宋詞集聯》卷一第十五頁第三對。

名稱：臨禮器碑長軸　6002
重編本上虞丁念先先生
書畫遺墨　第三十頁
年代：民國五十四年（1965年）
款文：節臨漢韓勑碑，乙巳清明
後二日，上虞丁念先。

名稱：臨禮器碑陰及側　6003
吳峰彰先生提供
年代：民國五十四年（1965年）縱115cm
橫21.2cm
款文：傳世漢分無不精絕妙絕，要以韓叔節禮器碑及陰側字變化最多。目寒道長命書，臨此求教正，乙巳小雪後五日（十月中），小園玫瑰競艷，山茶待放，上虞丁念先并記。
印：始寧，墨緣，上虞丁氏，念先長壽

名稱：臨禮器碑陰六尺軸　6004

涂璨琳收藏

年代：民國五十四年（1965 年）縱 175cm

橫 30cm

款文：傳世漢隸無不精絕，而韓勑禮器碑補題名碑陰及兩側尤有奇趣，乙巳清明節，上虞丁念先。

印：念先　丁守棠

名稱：臨史晨前碑軸　6101
摘自自立晚報，自立藝苑（56、6、26 日）
年代：民國五十五年（1966 年）
款文：漢魯相史晨祀孔子奏銘字，規矩謹嚴，不作一險怪筆，與乙瑛、韓勑同為八分之正宗，丙午春月，上虞丁念先。
印：念先　丁守棠

名稱：蔣公八秩華誕祝壽畫隸書款　6102　（丁念先家屬提供）
年代：民國五十五年（1966 年）
　印：念先　丁守棠

名稱：史晨集句七言五聯　6103
涂璨琳收藏
年代：民國五十五年（1966 年）縱 90cm 橫 43.5cm
款文：漢史晨碑集句，七言五聯，中華民國五十五年丙午重逢寒露日（陰曆九月節），上虞丁念先。
印：始寧　念先　丁守棠

名稱：臨史晨後碑中堂幅　6201（上虞丁念先先生書畫遺墨，書法之部第二十九頁）
年代：民國五十六年（1967 年）（此作是丁念先參加第 22 屆省展審查委員作品）
款文：漢史晨饗孔廟後碑字，規矩僅嚴不作一險怪之筆，與乙瑛、韓勑同爲漢分之正宗，丁未秋臨此，於運腕用筆略得形似，上虞丁念先并記。
印：念先　丁守棠

名稱：臨史晨碑軸　6202
上虞丁念先先生書畫遺墨　書法之部　第二十八頁
年代：民國五十六年（1967 年）
款文：節臨漢魯相史晨祀孔廟奏銘字，丁未華朝後三日，督瑜兒作畫，見研有餘墨欣然書此，上虞丁念先。
印：始寧　念先　丁守棠

名稱：古今圖書集成字學典書背題簽
6203
按：丁念先無意間留下的精彩書蹟
摘自現存國立中央圖書館，台
灣分館美術類書架上，原丁念
先生前藏書，用中國銀行民國
五十五年報表，糊書面（行楷）
書背寫此九字

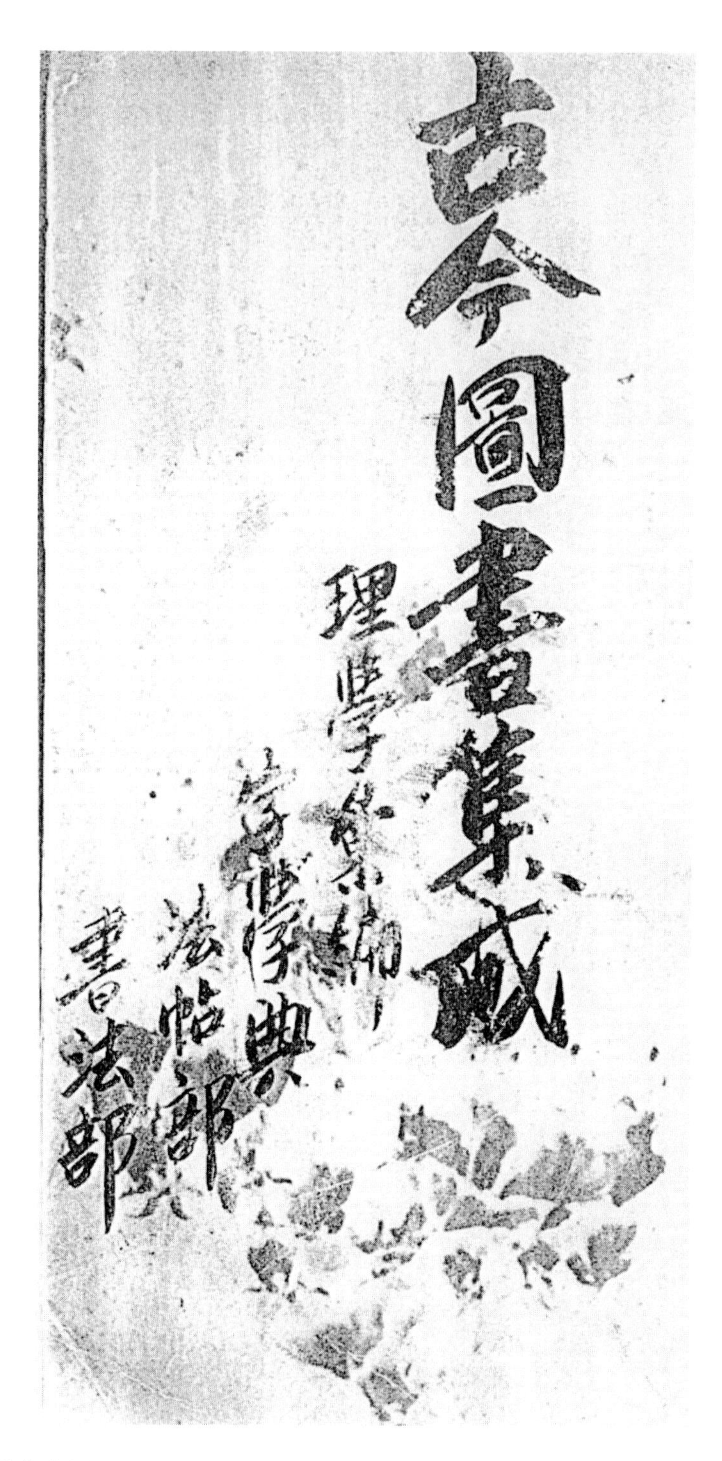

名稱：行楷舊書封面　6204
按：舊書封面丁念先以民國五十五年中國銀行年報糊上並書（1966 之後）

名稱：題丁瑜牡丹隸書款 6205 （丁瑜牡丹，丁念先題李復堂句隸書）丁氏家族提供。

年代：民國五十六年（1967 年）

款文：曾記李復堂有此句，錄題瑜兒是幀，然瑜兒此畫筆墨不逮復堂老辣，而清潤秀逸頗近新羅識者當以余言爲不謬也，丁未中元後一日，上虞丁念先。

印：上虞丁氏。

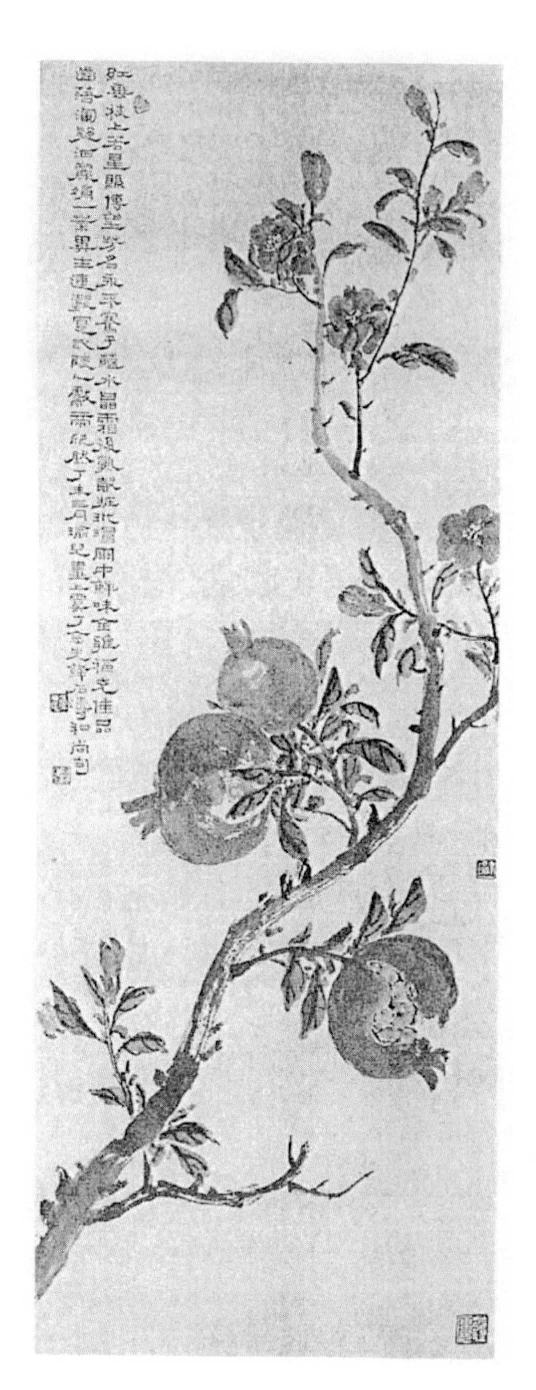

名稱：石濤和尚句隸書　6206（石榴，丁瑜畫，丁念先題隸書款）丁氏家族提供。
年代：民國五十六年（1967 年）
款文：丁未三月，瑜兒畫，上虞丁念先錄石濤和尚句。
　印：上虞丁氏，念先長壽

名稱：節臨漢乙碤碑字 6207

摘自台灣省美術館【典藏目錄二】第五頁

年代：民國五十六年（1967 年）

節臨漢魯相乙瑛請置孔廟百石卒史碑字，丁未重九後二日，上虞丁念先並記於兩漢石墨精舍。

印：念先，丁守棠

名稱：乙瑛百納本四屏　6208
　　　摘自德門畫廊【德門畫廊書畫選集（一）】第一百九十九頁（台北 1990 年出版）
年代：民國五十六年（1967 年）以前，縱 90cm，橫 45cm×4
款文：「上虞丁念先先生漢分妙造精微，顧撝謙不甚自惜，斯蓋念聖樓中廢紙，爲明量兄乞得，剪輯而成此屏，僧衣補綴謂之百納，若此屏者，可謂學古齋藏丁書百納本矣，一笑，丁未，江兆申識。」
按：此作江兆申補書跋識於丁未年（1967 年），故知丁念先書此必不晚於是年。

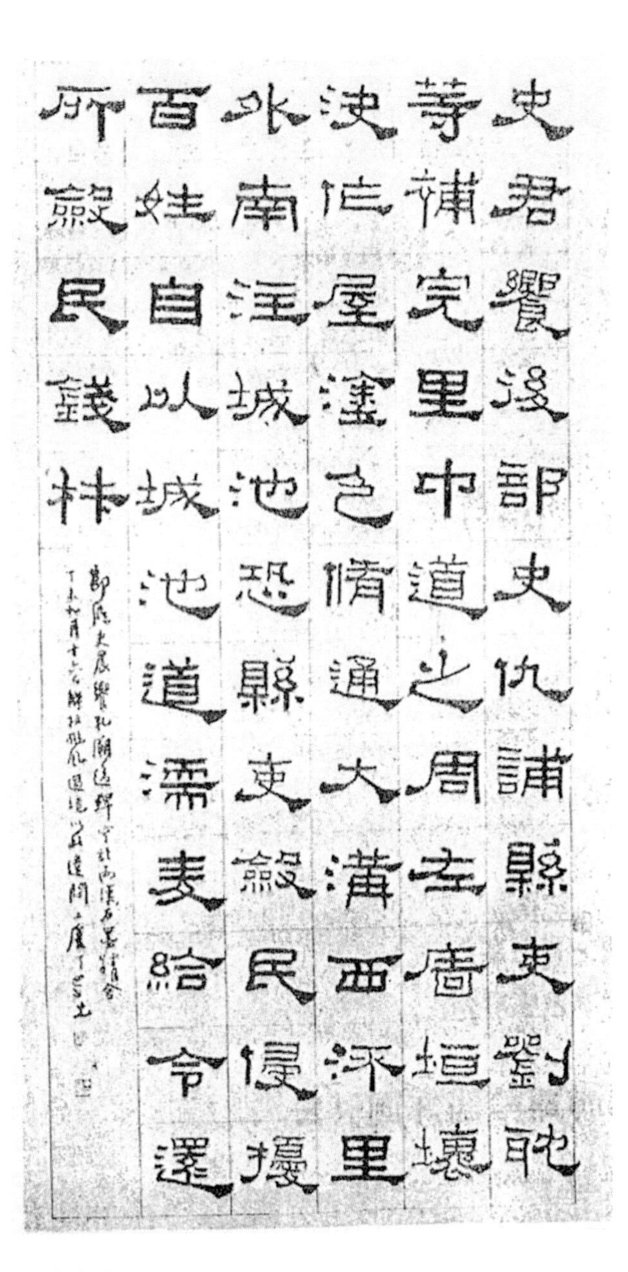

名稱：節臨史晨後碑中堂　6209
摘自《藝粹》雜誌，【丁念先談八分書】（第二卷，第四期，17頁作品之一，民國57年9月30日）
年代：民國五十六年（1967年）
款文：節臨史晨饗孔廟後碑字，於兩漢石墨精舍，丁未九月十六日艓拉颱風過境以此遣悶，上虞丁念先。
印：念先，丁守棠

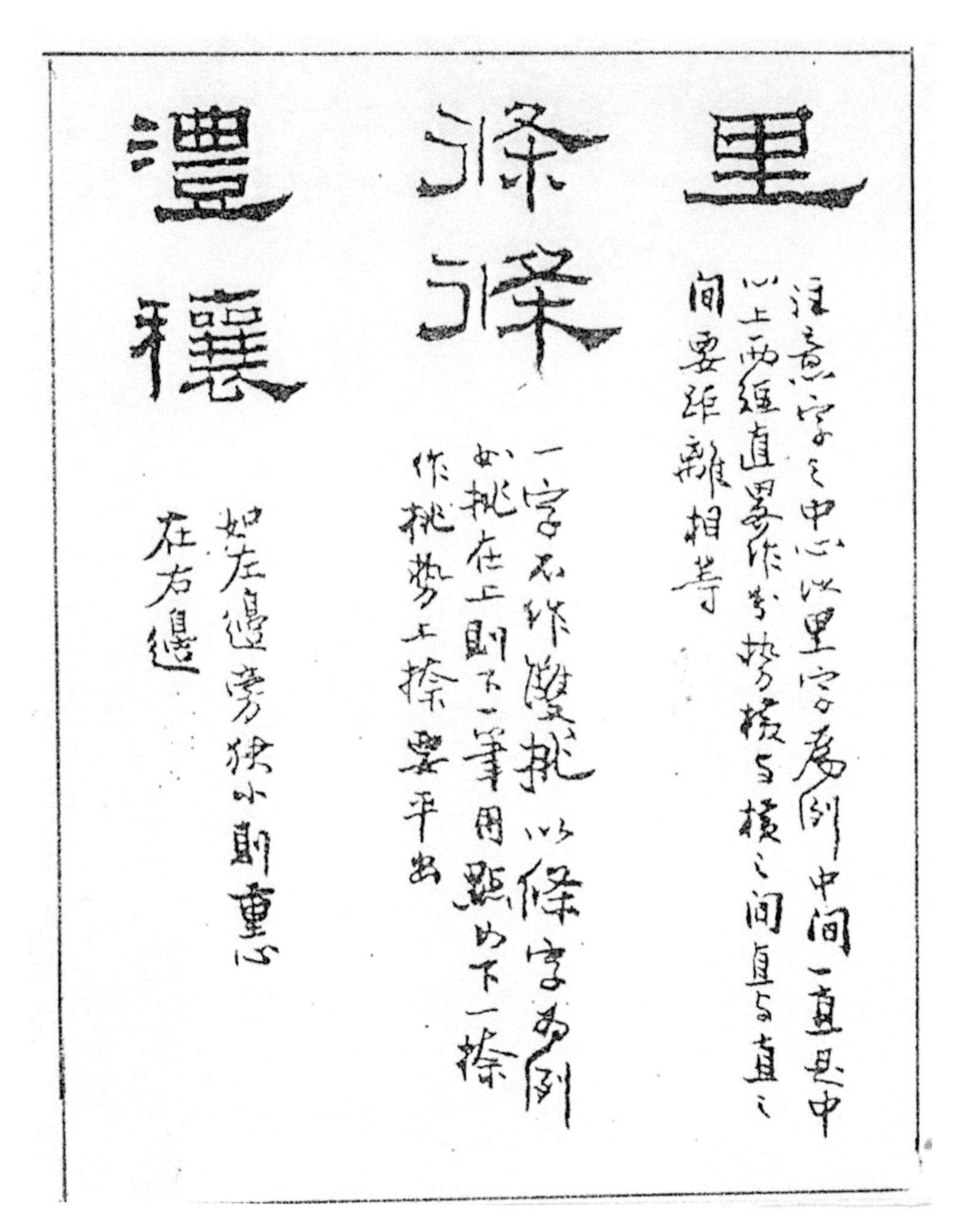

名稱：八分隸示範作　6301

摘自藝粹【丁念先談八分書】（第二卷，第四期，15 頁）

年代：民國五十七年（1968 年）九月三十日

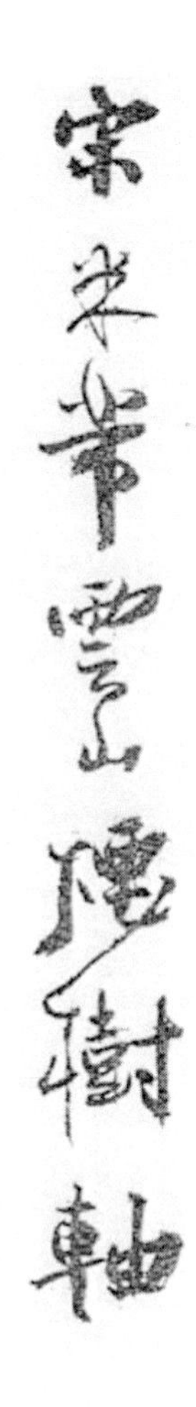

名稱：宋米芾雲山煙樹軸行書題籤　6302
摘自藝壇，第七期第二十五頁
年代：民國五十七年（1968 年 9 月出版）

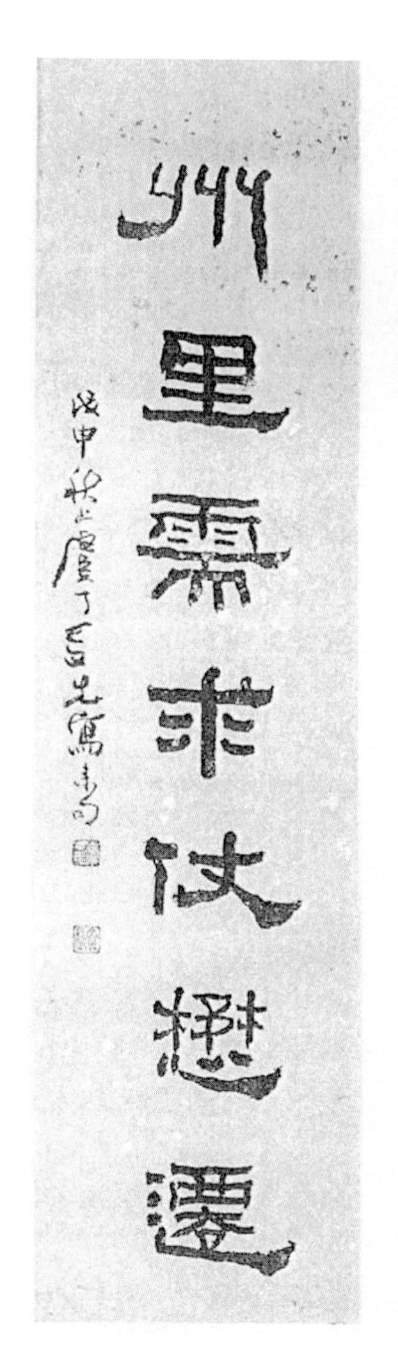

名稱：豐饒來句隸書對 6303
　　　丁氏家屬提供
年代：民國五十七年（1968 年）
款文：戊申秋，上虞丁念先寫來句。
　印：上虞丁氏，念先長壽，墨緣

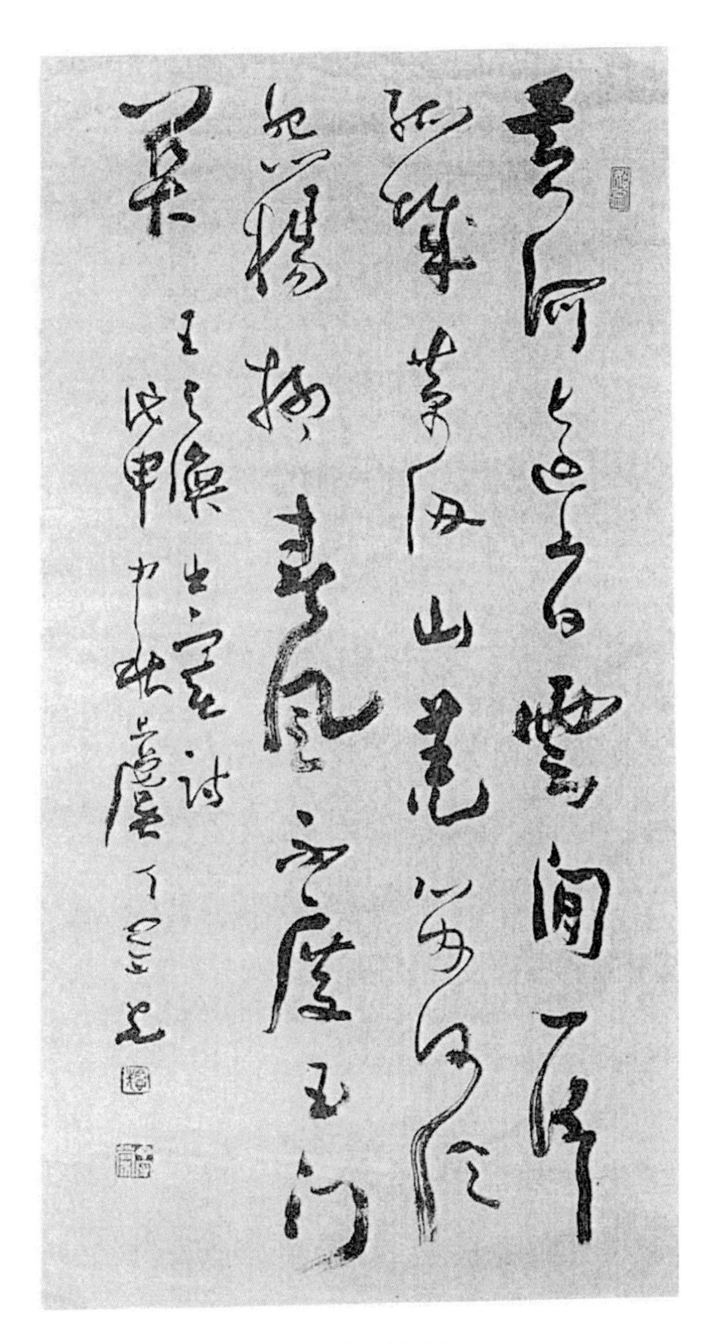

名稱：王之渙出塞詩草書　6304　（丁氏家族提供）
年代：民國五十七年（1968 年）
釋文：黃河遠上白雲間，一片孤城萬仞山，羌苗何須怨楊柳，春風不度玉門關。
款文：王之渙出塞詩，戊申中秋，上虞丁念先。
印：念先，丁守棠

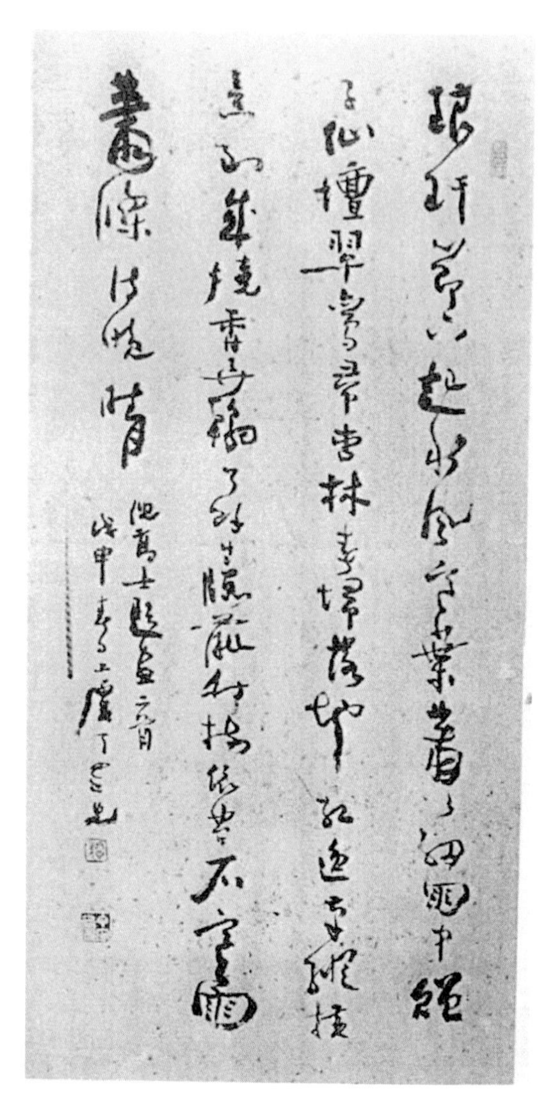

名稱：草書倪贊七言絕句題畫詩　6305

（上虞丁念先先生書畫遺墨書法之部，第三十二頁）

年代：民國五十七年（1968 年）

釋文：倪贊七言絕句二首，【題畫竹】

（一）琅玕節下起秋風，寒葉瀟瀟細（於清閟閣全集，倪雲林先生詩集中均作煙）雨中，贈子仙壇翠鸞帚，杏林春掃落地（於清閟閣全集，倪雲林先生詩集中均作花）紅。

（二）逸筆縱橫意到成，燒香弄翰了餘生，牕前竹樹依苔石，寒雨蕭條待晚晴。這兩首倪雲林七言絕句同出於【清閟閣全集】第 345 及 346 頁）

款文：倪高士題畫二首。戊申春日，上虞丁念先。

印：始寧，念先，丁守棠

名稱：臨乙瑛碑軸　6306
　　　上虞丁念先先生書畫遺墨　書法之部　第三十一頁
年代：民國五十七年（1968 年）
款文：漢魯相乙瑛請置孔廟百石卒史碑字，流逸遒勁與韓勑、史晨同爲漢分之正宗也，戊申之春宿雨初霽，上虞丁念先。
　印：念先

名稱：草書倪贊五言律詩　6307
上虞丁念先先生書畫遺墨書法之部第二十三頁之二
年代：民國五十二年（1963 年）
釋文：倪贊五言律詩【稽山草堂爲韓致因賦】稽山讀書處，應近賀公湖，磵月懸蘿境，汀花落酒壺，賣藥入城市，扁舟在菰蒲，逃名向深僻，君豈伯休徒。
（元倪贊撰【清閟閣全集】國立中央圖書館編印於元代珍本文集彙刊此五言律詩於第 96 頁）
款文：倪高士詩。癸卯立冬日，上虞丁念先。
印：史寧□、念先、丁守棠

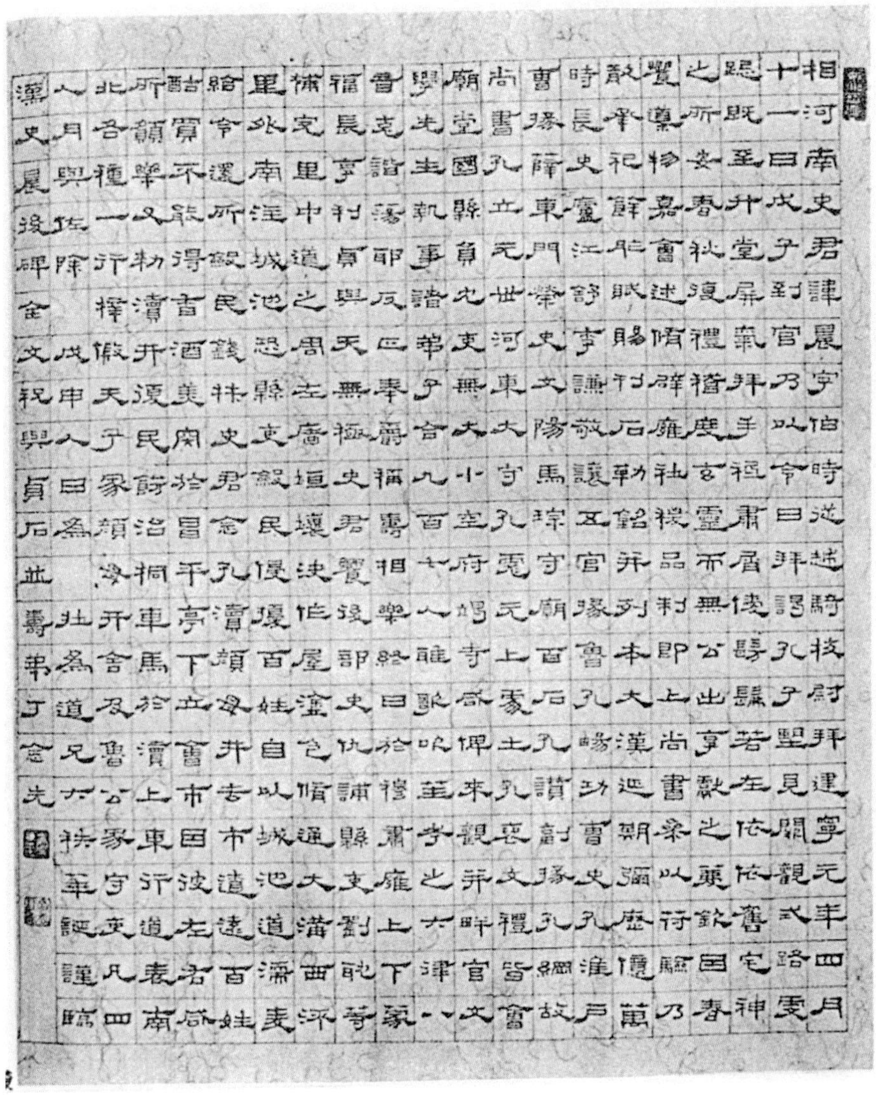

名稱：臨史晨後碑全文幀　6308　（上虞丁念先先生書畫遺墨，書法之部第三十頁）
年代：民國五十七年（1968 年）
款文：戊申人日，爲壯爲道兄六秩華誕謹臨漢史晨後碑全文，祝與貞石並壽，弟丁念先。
按：源是後碑全文，於乾隆年間升碑後乃拓全，全文應 424 字，細審此作，先生臨寫時，遺漏碑文第四行第十七字「奏」字，餘者均符。
印：始寧，上虞丁氏，念先長壽。

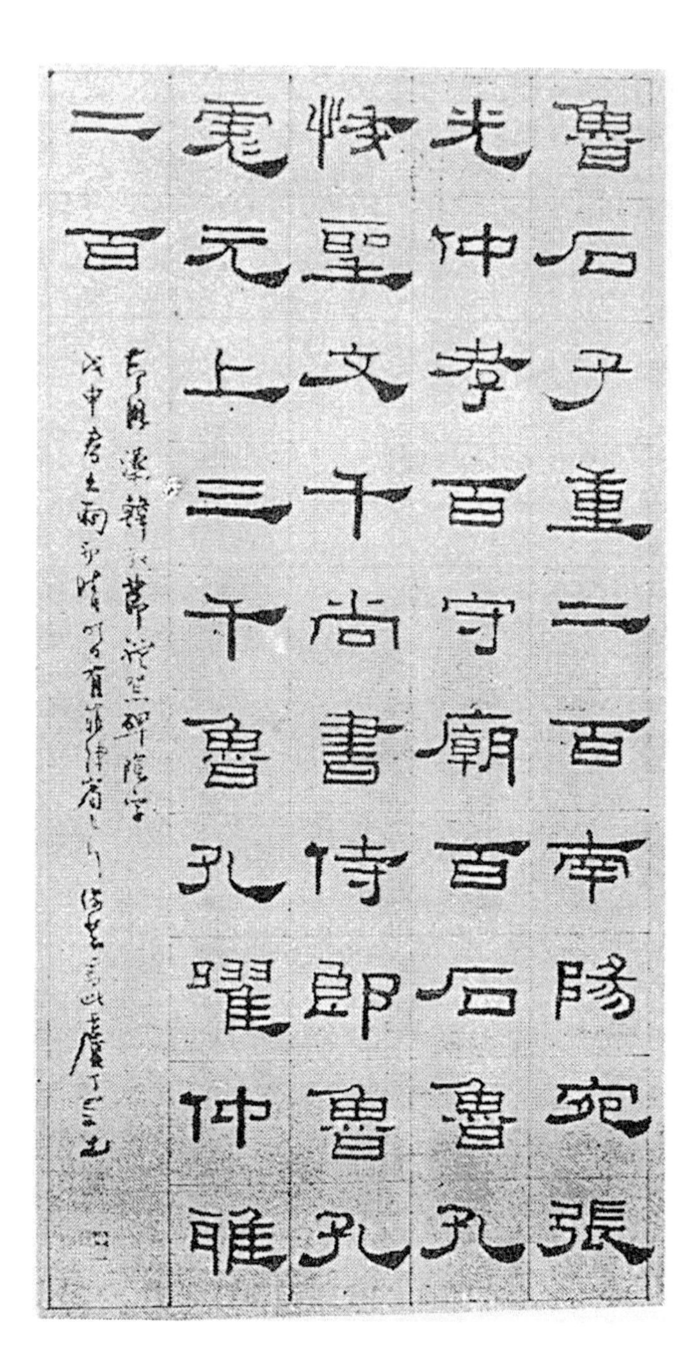

名稱：臨禮器碑陰字　6309
　　　摘自重編本上虞丁念先先生書畫遺墨，第三十二頁
年代：民國五十七年（1968 年）
款文：節臨漢韓叔節禮器碑陰字，戊申春大雨初晴，明日有菲律賓之行，倚裝書此，
　　　上虞丁念先。

遼西陽樂張普仲堅二百
故薛令河內溫朱熊伯珍
五百故豫州從事蕃加進
子高千河南雒陽王敬子
慎二百

名稱：臨禮器碑陰題名中堂　6310

摘自【台灣省第二十三屆全省美術展覽會畫刊】台灣省第 23 屆全省美術展覽會籌備委員會 57 12 編印

年代：民國五十七年（1968 年）

款文：漢韓叔節禮器碑碑陰題名字變化最多，此補題名四行尤爲奇逸，戊申秋，上虞丁念先。

印：念先，丁守棠

名稱：隸書溪山古寺圖卷簽條　6401
上虞丁念先先生書畫遺墨，書法之部，第三十三頁之三
年代：民國五十八年（1969）
款文：許氏道藝室珍藏鄉賢遺蹟，己酉之春，上虞丁念先署檢。
印：丁、念先

名稱：蘭亭史話隸書　6402
摘自新藝林雜誌第一卷第二期蘭亭專號，第三十三頁
年代：民國五十八年（1969 年）三月一日出版

名稱：臨禮器碑陰補題名四行　6403
摘自《近代名家書法專輯》（丁玉熙編輯，台中文化中心發行，78 年 3 月出版）
年代：民國五十八年（1969 年）
款文：漢韓叔節碑陰補題名四行，似玉熙吾宗方家正，己酉上元，上虞丁念先。
印：念先，丁守棠

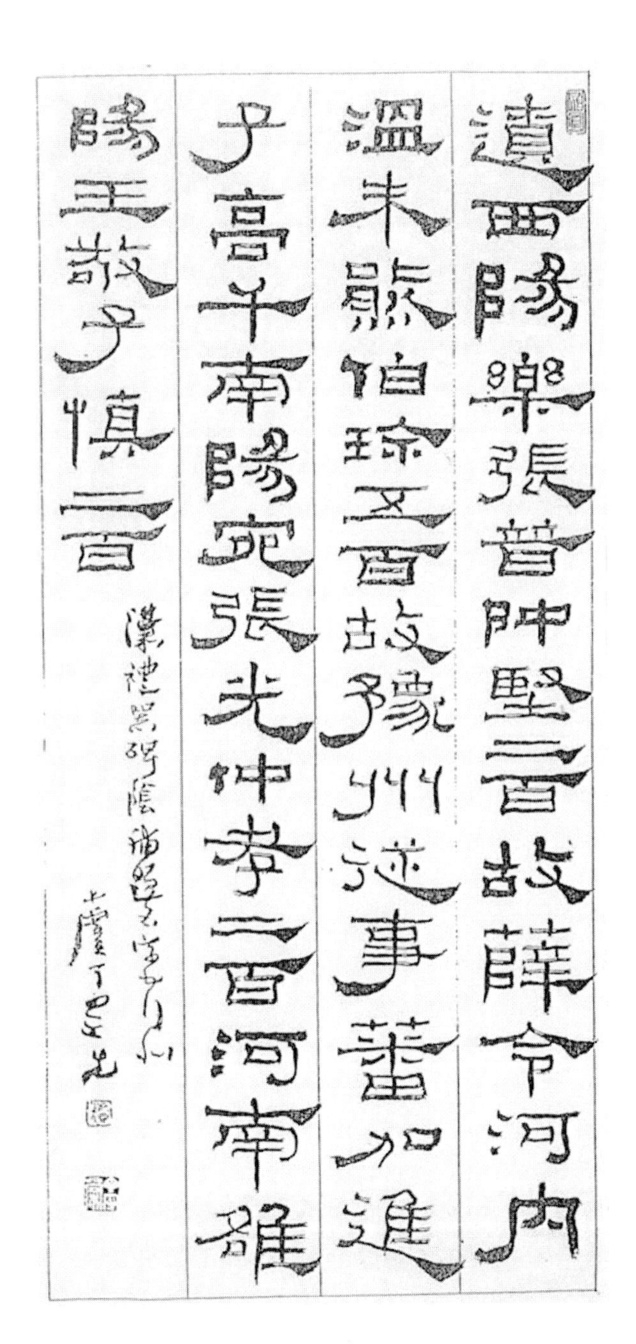

名稱：節禮器碑陰中堂　0001

摘自麥鳳秋《四十年來臺灣地區美術發展研究之五》書法研究（研究報告展覽專輯）彙編（1996年，1月，臺灣省立美術館）

年代：年款被挖掉，但與民國五十三年作品相較，稍顯瘦硬，概為53年之前作品。

款文：漢禮器碑陰補題名字五行，似……（上款已缺），上虞丁念先。

印：念先，丁守棠。

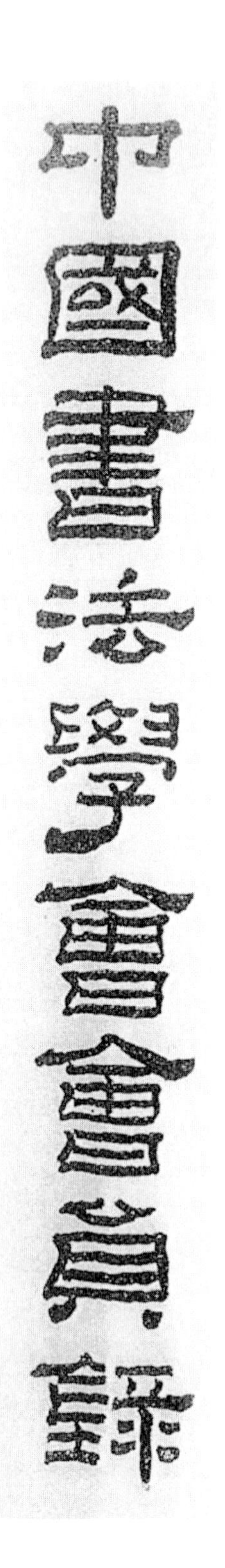

名稱：隸書書法學會會員錄　0002
上虞丁念先先生書畫遺墨，書法之部，第三十三之二
年代：無款與紀年

名稱：隸書五言聯　0003

上虞丁念先先生書畫遺墨，書法之部，第三十四頁之一

款文：上虞丁念先。

名稱：臨魯峻碑軸　0004

上虞丁念先先生書畫遺墨，書法之部，第三十五頁

年代：無紀年

款文：漢司隸校尉魯峻碑字，豐腴雄偉，唐明皇、徐季海皆從此出，而肥濃太甚，無此氣韻矣。偶臨數十字，於運腕用筆畧得形似，上虞丁念先。

印：念先，丁守棠

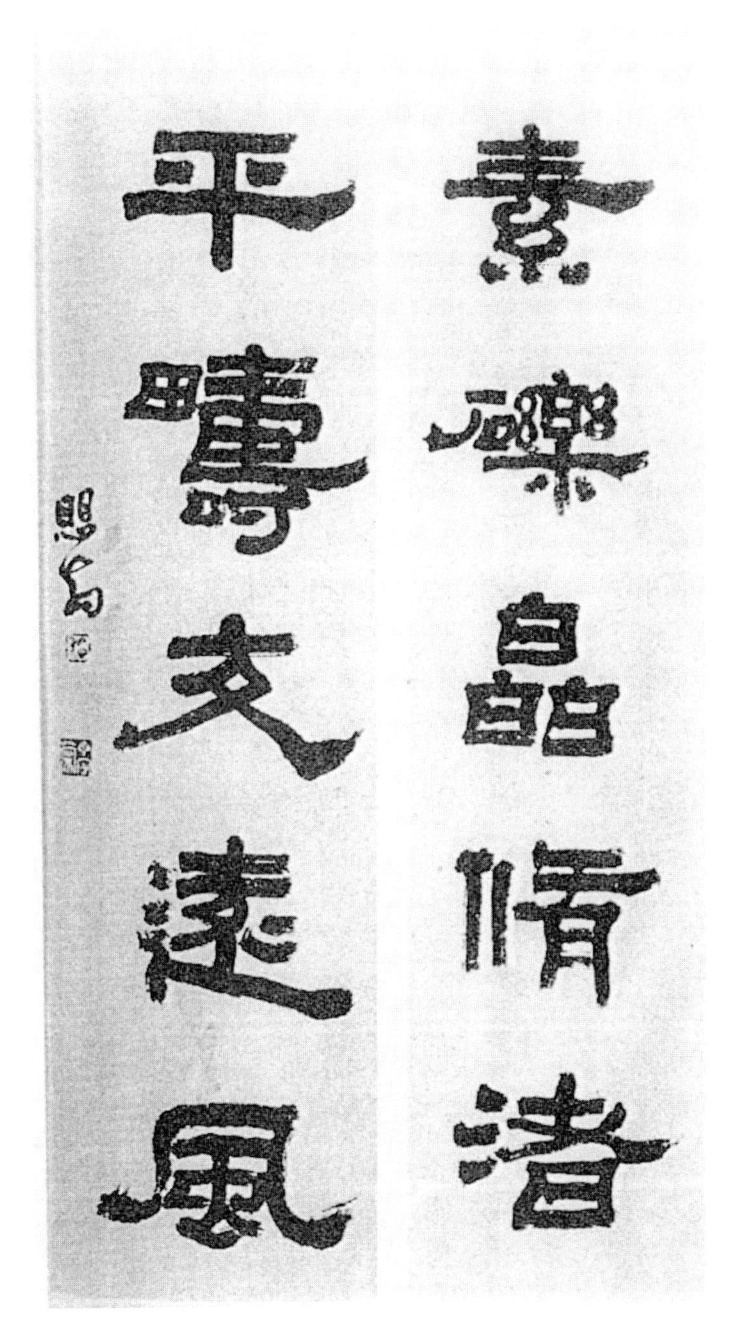

名稱：素礫平疇隸書聯　0005
　　　上虞丁念先先生書畫遺墨，書法之部，第三十四之二
年代：無紀年
款文：思翁。
印：念先，丁守棠

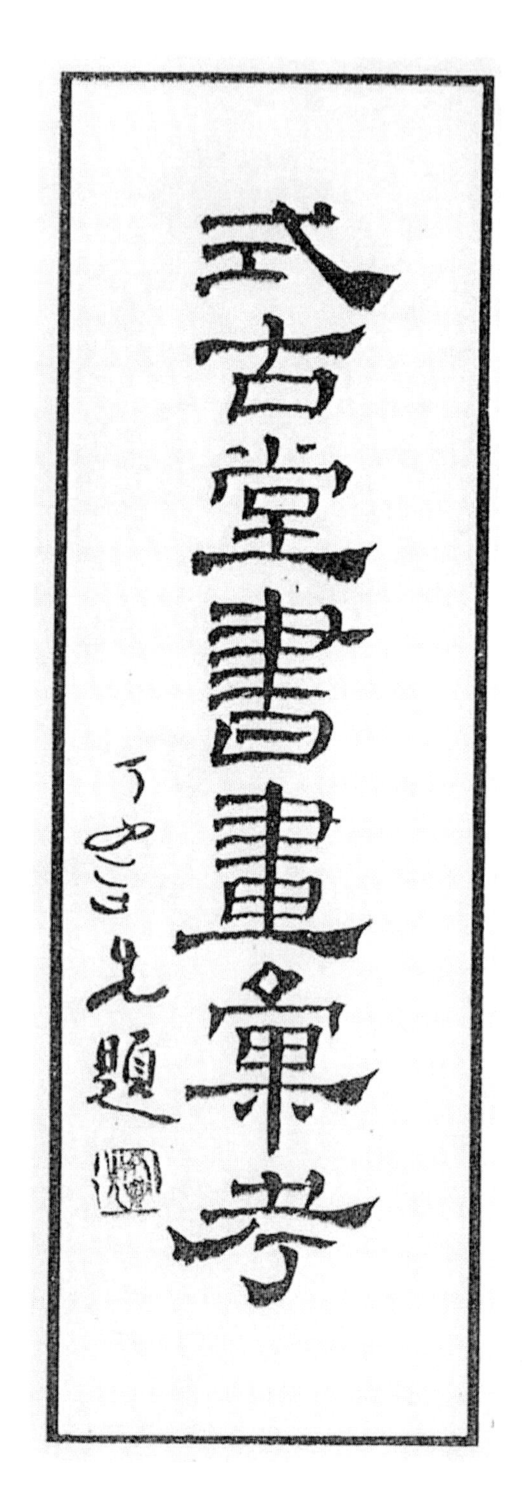

名稱：式古堂書畫彙考題簽　0006

按：摘自《式古堂書畫彙考》，此書原清朝卞永譽彙集之舊書，經丁念先題簽再版，未紀年，民國六十四年（1975 年）十一月二十四日入藏於中央圖書館，臺灣分館中，藝術類書架上。

名稱：三祝九如隸書聯　0007
摘自德門畫廊出版《德門畫廊書畫選集》一，台北，1990 年。
年代：無年款，較早期書跡精密，當爲晚年之作，縱 128cm，橫 21cm×2
款文：上聯款：豐谷吾兄古稀榮慶，書此致賀，即請大方家教正。
下聯款：上虞弟丁念先頓首。
印：始寧，書宗兩漢，上虞丁氏，念先五十歲後作

名稱：壽山福海隸書　0008
　　　摘自上虞丁念先先生書畫遺墨，第五十三頁
年代：無款與紀年
　印：始寧，念先

名稱：美景良辰聯（無紀年）
0009
涂璨琳收藏
年代：無年款，但應早於〈上虞丁念先先生書畫遺墨〉中第十一員同文宋詞集聯，此作瘦硬，晚年較精密，因此這一對聯應是 1957 年之前作品，縱 126cm，橫 17cm×2
款文：上虞丁念先。
印：始寧，念先

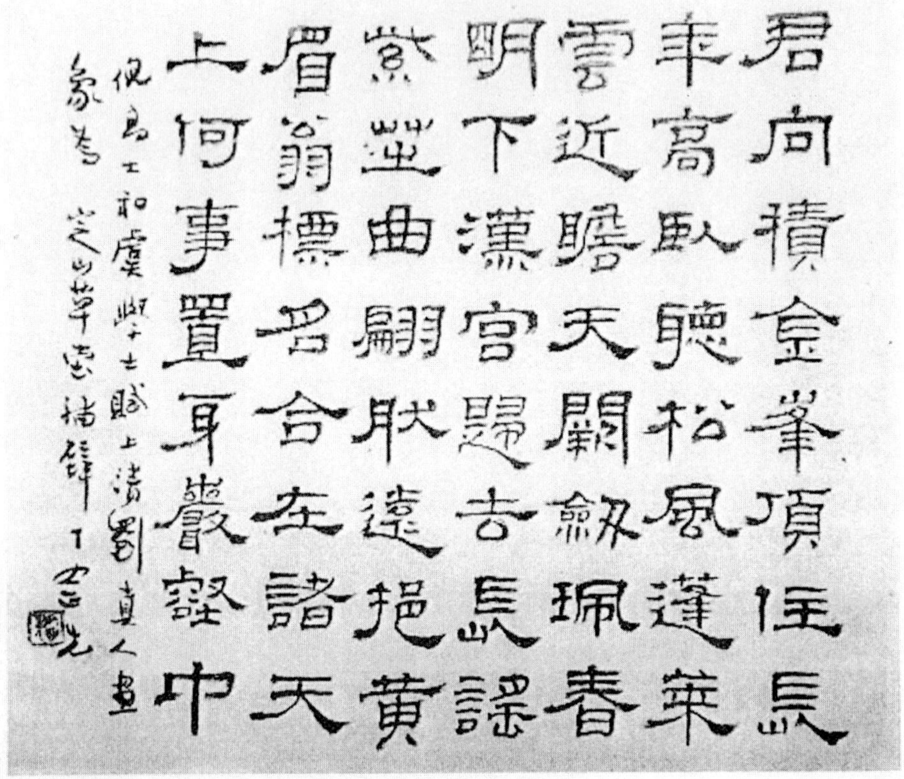

名稱：倪瓚賦上清劉眞人書象隸書　0010
黃銀敦先生提供，材質棉紙橫 37.7cm.縱 33.1cm
倪瓚奉和虞學士賦上清劉眞人畫像（七言律詩）
款文：倪高士和虞學士賦上清劉眞人畫像，爲定山草堂補壁，丁念先。
印：念先
按：（丁念先舊藏〈四部叢刊初編集部〉〈倪雲林先生詩集〉）上海商務印書館縮印，秀水沈氏藏明天順本，卷四，第四十一）

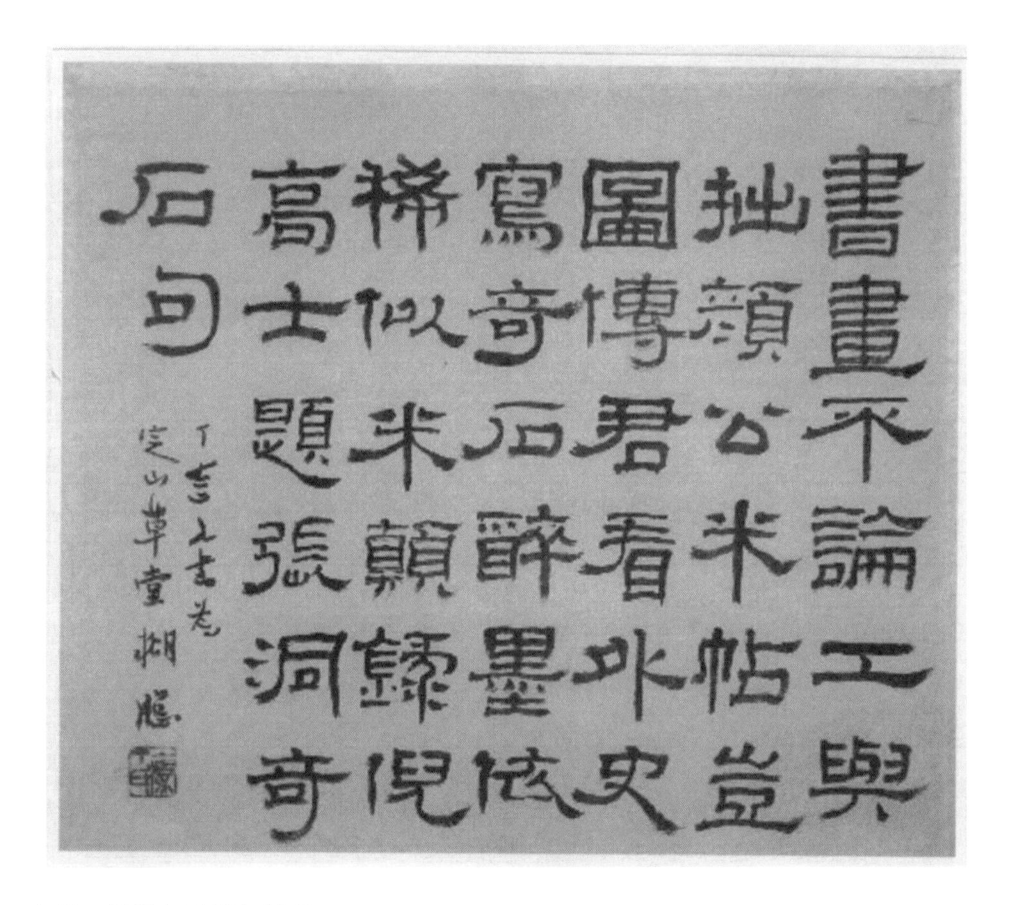

名稱：倪瓚七言絕句隸書　0011

經莊永固同學請黃銀敦先生提供，棉紙，橫 37.7cm 縱 33.1cm

倪瓚（張外史素不善畫醉墨戲寫張洞奇石頗一種逸韻德明裝潢成卷走筆爲賦）題張洞奇石句（七言絕句）

款文：丁念先書，爲定山草堂糊牕。

印：上虞丁氏

按：（丁念先舊藏〈四部叢刊初編集部〉〈倪雲林先生詩集〉上海商務印書館縮印，秀水沈氏藏　明天順本，卷六第六十二，六十三頁）

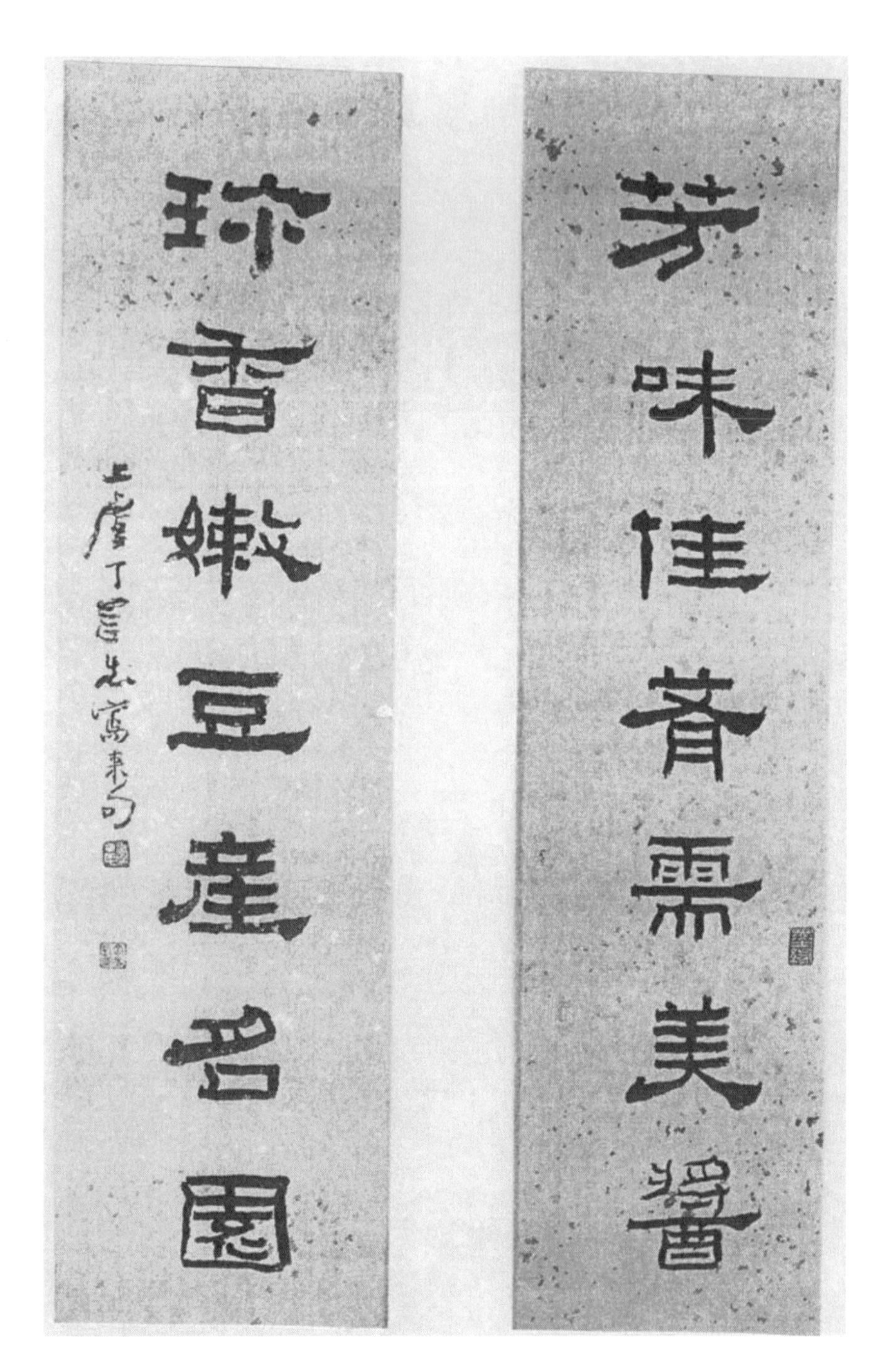

名稱：芳味來句隸書　0012　丁氏家屬提供
年代：無紀年
款文：上虞丁念先寫來句。
　印：丁虞丁氏，念先長壽，墨緣

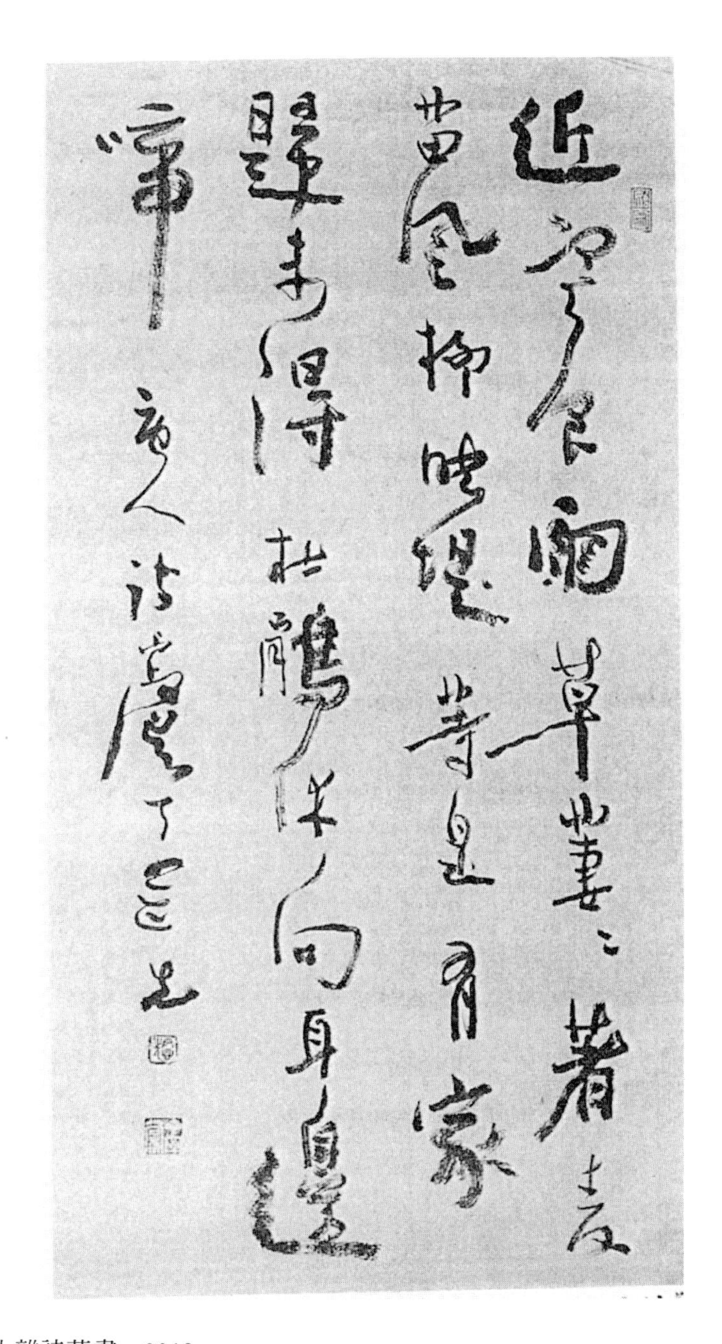

名稱：唐人雜詩草書　0013

（佚名，歷代詩詞名句析賞探源，呂自揚編著河畔出版社出版 1984 年二月初版，2002 年二月八版，481 頁）丁氏家族提供

釋文：近寒食雨草萋萋，著麥苗風柳映堤，等是有家歸未得，杜鵑休向耳邊啼。唐人詩，上虞丁念先。

款文：念先，丁守棠

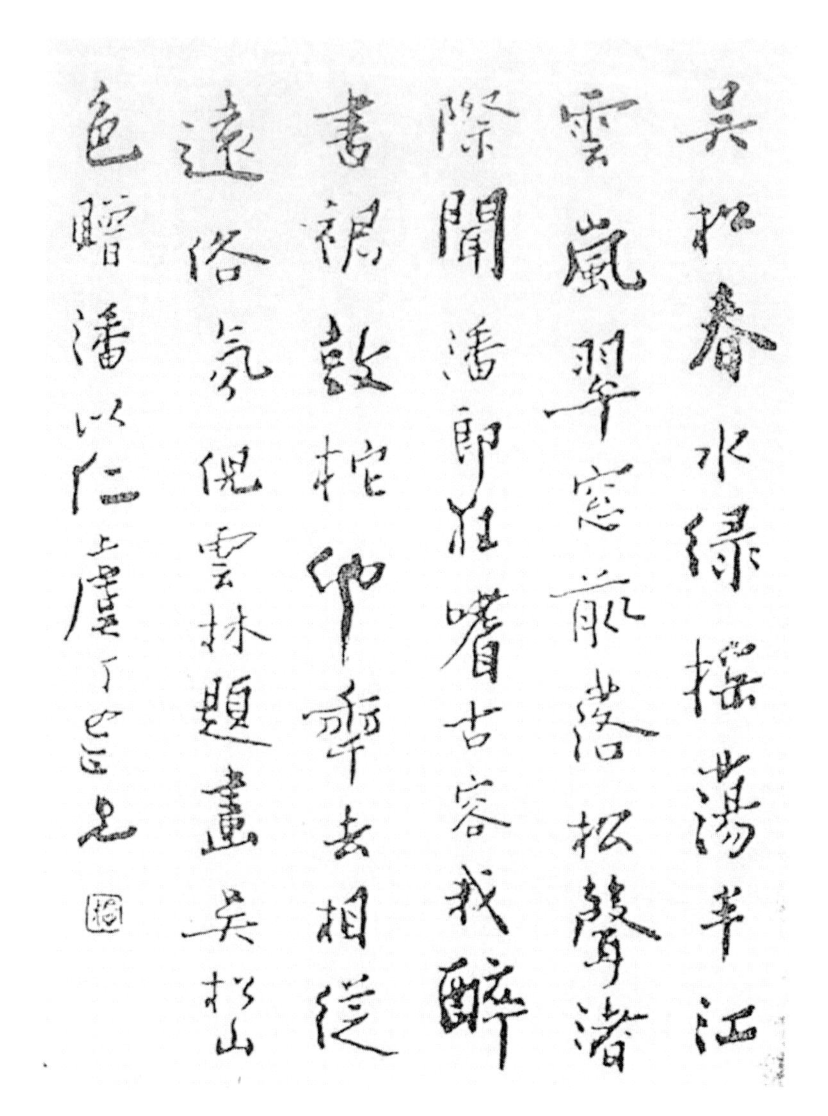

名稱：倪雲林題畫詩行書　0014
摘自 1996 年一月台灣省立美術館發行，麥鳳秋彙編之〈四十年來台灣地區美術發展研究之五〉書法研究報告展覽輯第 164 頁圖 37

釋文：吳江春水綠，搖蕩半江雲，嵐翠窗前落
松聲渚際聞，潘郎狂嗜古，容我醉書裙
鼓柁他年去，相從遠俗氛

款文：倪雲林題畫吳松山色贈潘以仁，上虞丁念先。

印：念先

按：畫吳松山贈潘以仁〈倪雲林先生詩集〉卷四，三四頁。四部叢刊初編集部，上海商務印館縮印，秀水沈氏藏明順本）原書見於中央圖書館，台灣分館，整套為丁念先生前舊藏。

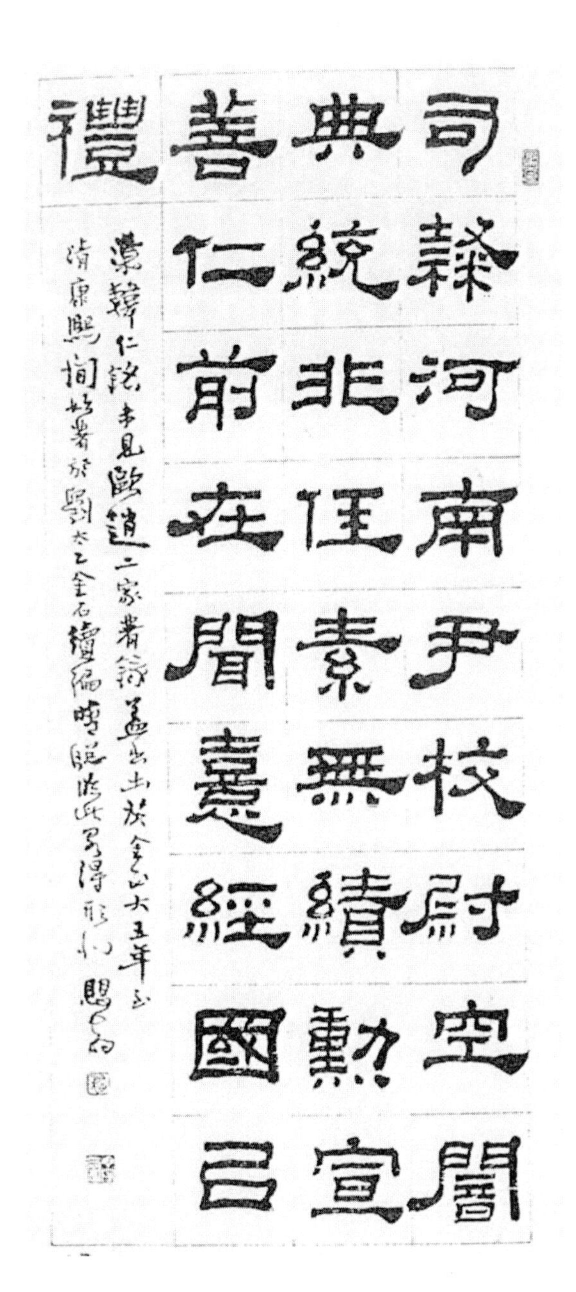

名稱：臨韓仁銘字　0015
摘自〈近代書法大展〉第147頁（發行主編莊芳榮出版者中華民國文化資產維護學會，北市，民國92年7月）
年代：無年款但應與王參議所持同時
款文：漢韓仁銘未見歐、趙二家著錄，蓋出土於金必大五年，至康熙間始著於劉太乙金石續編，晴窗臨此略得形似，愢翁。
印：念先，丁守棠

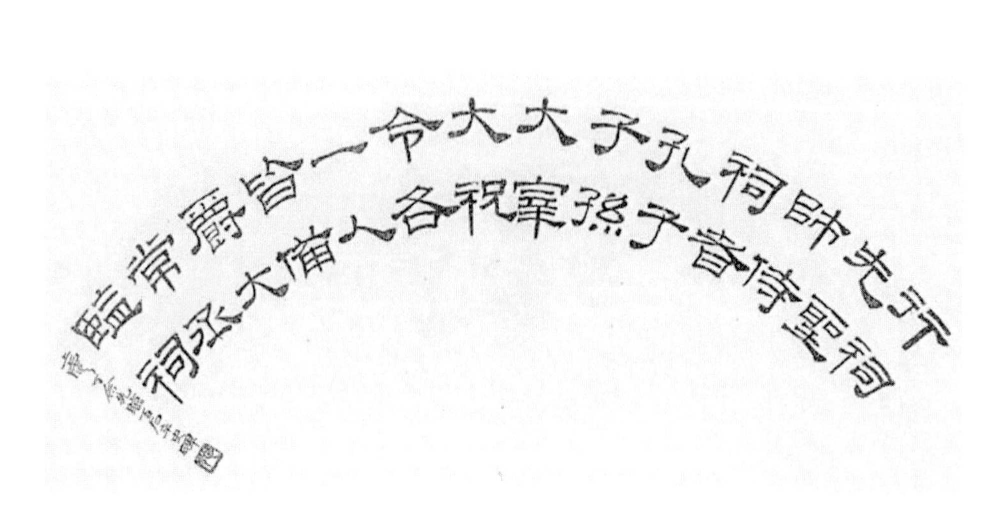

名稱：節臨乙漢碑扇面　0016
　　　涂璨琳收藏
年代：無年款，但從用筆應屬丁念先臨乙瑛碑中現可見之最早作品
款文：上虞丁念先臨百石卒史碑。
　印：念先

名稱：令聞對聯乙瑛碑集句　0017
丁念先家屬提供（乙瑛碑，漢碑集聯大觀，第二集，學海出版社 116 頁）
年代：無紀年
款文：木軒道長正之，上虞丁念先。
印：念先，丁守棠

名稱：節臨韓勑禮器碑　0018
　　　涂璨琳收藏
年代：無年款，縱 62cm，橫 31cm
款文：韓勑禮器碑，似峻峰先生雅屬，上虞丁念先。
　印：始寧，念先

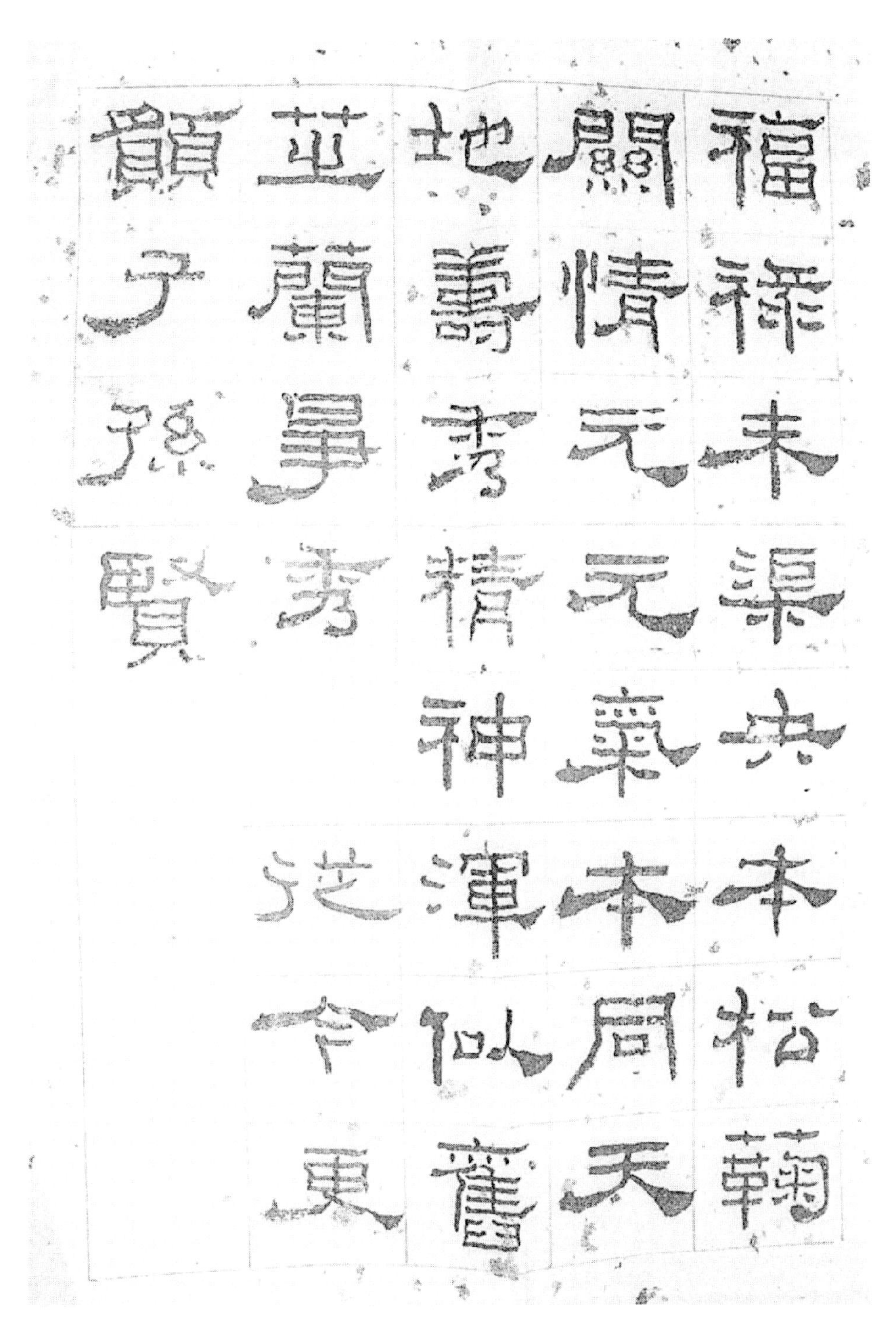

名稱：隸書遺稿， 0019 （丁氏家屬提供）
年代：無款（應爲晚年之作品）

黃孝子傳　鉞

黃孝子名向堅字端本建文時
殉難給事中諱鉞之裔也先世
常熟人後從家蘇州之西郊孝
子之父以崇禎癸未選得雲南
大姚知縣挈其室及弟之孫赴
任孝子留家已而兩京陷沒問
浙不守西南復立國江楚兩粵

名稱：黃孝子傳隸書稿之一　0020　（丁氏家屬提供）
年代：無年款

以為田
不歎息顧與員如隨始此而前
途尚還又兵馬塞路荒山多席
不可往孝子知有又毋不顧其
身乃曰出門時早知如此雖囍
危敢不自力乃養足五曰復前
行由武留而西歷請州循沅江
而上入貴州之是州貴州自丁
夾以後北兵自楚攻其東西兵

名稱：黃孝子傳之5　0021（丁氏家屬提供）

歸子曰孝子之父孔昭字含美
與先兄同舉于鄉余以孝子故
始識之含美言歸途日行數十
里或百里二老人罡輿中猶苦
勞倦而向堅始終徒步毋止舍
買食物執爨具湯沐施衽席晨
起具食盥若皆向堅一身為之
無一刻寧息初不以為勞夫涉

名稱：黃孝子傳隸書稿之 27　 0022 （丁氏家屬提供）

萬里途者或已征伐或以仕宦
奉天子之威命有官爵之尊人
從之衆猶憚不敢前往或而不
返孝子以了持之身往返絕域
如履康莊此豈人力之可能與
彼其精誠上通於天故所至得
天助爲昔年海虞瞿生元鏡省
其父留守公於桂林且逹矣而

名稱：黃孝子傳隸書稿之 28　0023（丁氏家屬提供）

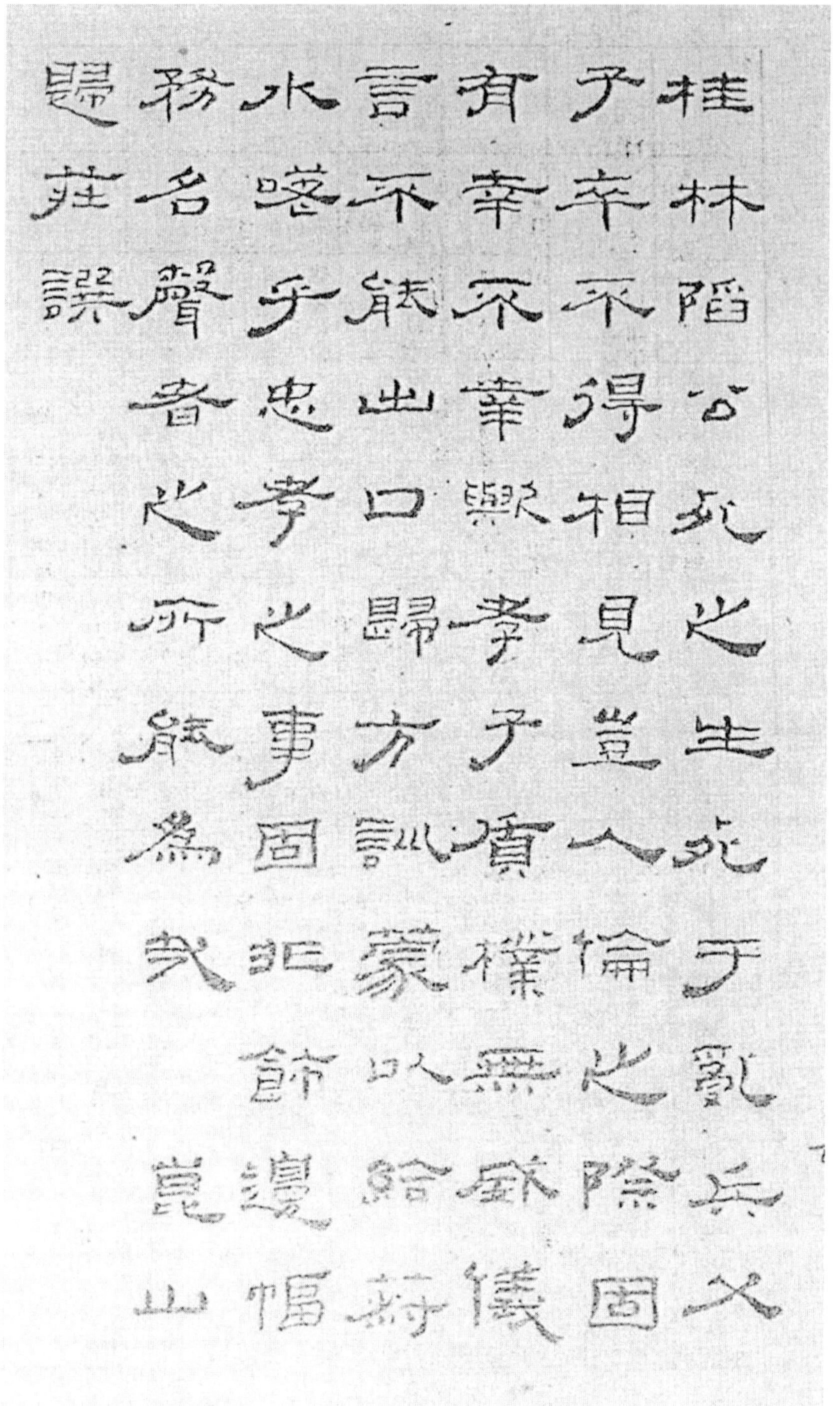

名稱：黃孝子傳隸書稿 29 0024 （丁氏家屬提供）

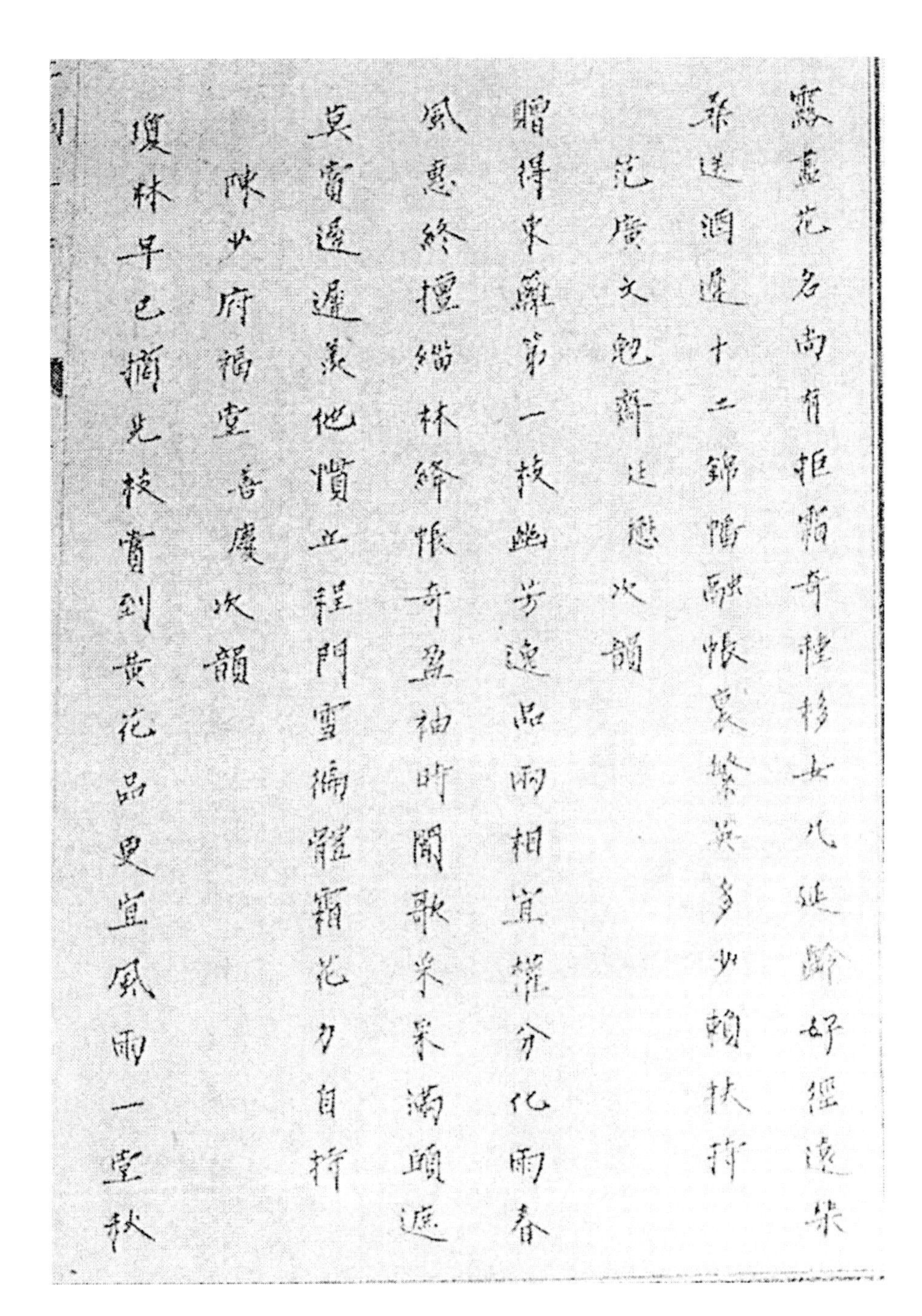

名稱：楷書手稿（1）　0025
念聖樓彙錄鄉邦文集手稿　丁氏家族提供
年代：推定爲來台（民國 38 年即 1949 年）之前書跡
按：此爲卷十中兩頁（全部手稿設計 15 冊）

詩澹遠致渾如晚節奇便有南山真意在還啁來
閣小春遲蟹螯且醉延齡酒佳興爭看左右持
陳大令雲門廷遠次韻
幾日西風動桂枝今朝叢菊映相宜栽培果是甘
肥遯供養書齋類寶奇老圃年香尋不斷故人有
約踐偏遲秋花更比春花韻一樣芳心與護持
陳大令弟保兆慶次韻
春風曾拂蕙蘭枝老圃秋容澹亦宜草本已知零

名稱：楷書手稿（2） 0026

名稱：才華德行隸書聯 0027 （台南吳棕房先生提供）
年代：無紀年
款文：玖瑩道長正腕，上虞丁念先。
　印：念先，丁守棠

參考書目

(一) 專　書

1. 丁念先，《念聖樓讀畫小紀》，文星雜誌社出版，1961 年 4 月。
2. 王壯爲，《書法叢談》，國立編譯館，中華叢書，1982 年 1 日。
3. 黄光男，《藝壇浪跡一藝翁》，台北市立美術館。
4. 林進忠，《認識中國書法藝術——隸書》，台北國立台灣藝術教育館出版。
5. 林進忠，《晴嵐論集》，2001 年，自印本。
6. 張清治，《金石派書法之研究》論文。
7. 莊嚴，《中國書法》台北：國立編譯館，1997 年。
8. 惲茹辛，《民國書畫家全傳》，台灣商務印書管出版，1991 年。
9. 金學智，《書法美學談》，台北華正書局，1990 年。
10. 李澤厚，《美的歷程》，台北：三民書局，1996 年。
11. 熊秉明，《中國書法理論體系》，台北：雄獅圖書公司，1999 年。
12. 周宗岱，《美辨》，長沙：湖南美術出版社，1998 年。
13. 程志強，《隸書論》，四川大學出版社，2001 年。
14. 羅厚禮、姜壽田主編，《中國書法發展史》，天津古籍出版社，1998 年。
15. 洪丕漢，《書論選讀》，河南美術出版社 2000 年。
16. 《國立歷史博物館典藏清冊書畫類》(二)，國立歷史博物館出版，1998 年。
17. 盧輔聖主編，《海上繪畫全集》，上海書畫出版社，2001 年 12 月。
18. 葛昌楹、胡洤編，《明清明人刻印精品》，上海古籍出版社，2000 年。
19. 《中國書法源流》，華正書局，1988 年。

20. 邱振中，《書法藝術與鑑賞》，台北：亞太圖書，1995年 。
21. 陳代星，《中國書法批評史略》，成都：巴蜀書社出版發行，1998年。
22. 季伏昆，《中國書論輯要》，江蘇：美術出版社，1987年，第172頁。
23. 孫洵，《民國書法史》，江蘇：教育出版社，1998年。
24. 虞君質，《藝苑精華錄第一輯》，1962年。
25. 《書道藝術》，第十卷，〈鄧石如、何紹基、趙之謙〉，昭和四十七年（1972），日本中央公論社出版。
26. 袁維春，《秦漢碑述》，北京工藝出版社，1990年 。
27. 秦文錦，《漢碑集聯大觀》，學海出版社，1992年增訂版 。
28. 《全宋詞》，世界書局，1984年。
29. 余鎮，《娉花媚竹館宋詞集聯》，海印樓出版，1936年12月。
30. 《古今圖書集成字學典》，文星書局出版 。
31. 《中國書論輯要》，1987年7月，南京藝術學院。
32. 佐野光一編，《木簡字典》，韓國翻譯版，1980年6月5日。
33. 孫過庭，《書譜》東京二玄社，書跡名品叢刊，1959年。
34. 《民國時期書法》，四川美術出版社，1988年3月。
35. 施安昌編著，《漢華山碑題跋年表》，文物出版社出版發行（京），新登字056號1991年1月第一版。
36. 宋敖陶孫，《詩評》一卷於《叢書集成新編》，第七十九冊第二十八，台北：新文豐出版社，1985年初版。
37. 元倪瓚，《清閟閣全集》，國立中央圖書館。
38. 元倪瓚，《倪雲林先生詩集》收入《四部叢刊》初編集部079。
39. 沈雲龍主編，《明清史料彙編》，文海出版社，1973年。
40. 羅振玉、王國維，《流沙墜簡》，北京中華書局，1993年。
41. 《中國美術史論集》，中華文化出版事業委員會出版，1955年11月。
42. 《二十世紀之科學—藝術篇》，正中書局出版，1966年。
43. 《慶祝蔣慰堂先生七十榮慶論文集》，國立中央圖書館出版，1968年。
44. 廖新田，《清代碑學書法研究》，台北市立美術館，1993年。
45. 徐律哲、徐蓉蓉，《清代書法藝術鑑賞》，清蔚文化，2001年。
46. 高文，《漢碑集釋》，河南大學出版社，1985年。
47. 黃大興輯，《梅苑十卷》，收入《叢書集成續編》第205冊文學類，新文豐出版社。
48. 張光賓，《元四大家》，國立故宮博物院印行，1975年。

(二)專　文

1. 丁念先,〈明代美術〉原載民國四十四年十一月中華文化出版事業委員會出版之《中國美術史論集》第二冊。
2. 丁念先,〈清代美術〉,〈六十年來的甲骨文、金文與碑學〉:原載《二十世紀之藝術書法》中。
3. 丁念先,〈六十年來之書法〉:原載 1966 年正中書局出版《二十世紀之科學—藝術篇》,與莊嚴共同執筆。
4. 丁念先,〈漢北海相景君銘考釋〉收入《慶祝蔣慰堂先生七十榮慶論文集》,1968 年 11 月,國立中央圖書館。
5. 丁念先,〈漢魯相乙瑛請置百石卒史碑考釋〉《華岡學報》第五期,1969 年 3 月 1 日,128 頁。
6. 丁念先,〈從二王書風談到董開章先生之書〉,《暢流》28 卷 1 期,19 頁,1963 年 8 月 16 日。
7. 丁念先,〈海上藝林述往〉(三)《新藝林》,頁 34。
8. 丁念先,《二十世紀人文科學—藝術篇》第二章〈六十年來的甲骨文金文與碑學〉第三節—六十年來「碑學」書家的簡評。
9. 丁念先,〈兩漢石刻文字與石刻畫〉,民國五十四年二月廿八日,《大陸雜誌》第三十卷第五、第六期。。
10. 丁念先,〈漢史晨前碑考釋〉:原載民國五十五十月出版之《美術學報》創刊號。
11. 丁念先,〈沈石田作畫年表初稿〉:原載民國五十六年十月出版之《〈美術學報》第二期,203 頁。
12. 丁念先,〈漢魯相乙瑛請置孔廟百石卒史碑考釋〉《華岡學報》第五期,1969 年三月一日出版。
13. 丁念先,〈海上藝林述往〉《新藝林》創刊號,1969 年三月共三期。
14. 丁念先,〈唐趙模撫即右軍千文卷流傳經過與懷仁集聖教序的關係〉。
15. 丁念先,〈蘭亭史話〉發表于《新藝林》第一卷第二期,1969 年 3 月 1 日。
16. 丁念先,〈蘇東坡萬竿煙雨圖軸〉發表於《藝粹雜誌》。
17. 十之(張隆延),〈念聖樓所藏書畫識小錄〉《文星雜誌》七卷 6 期,1961 年 1 月 4 日,18 頁。
18. 張隆延,〈十人書展〉《文星雜誌》第四卷第三期,1959 年 7 月 1 日,30 頁。
19. 十之,〈十人書展第二回〉頁 18《文星》第六卷第六期,總 36、49、10、1。

20. 張隆延，〈十人書展第三回〉，《暢流》，頁 24。
21. 張十之（隆延），〈念聖樓讀畫小錄〉《文星雜誌》七卷 6 期 1961 年 1 月 4 日 18 頁。
22. 汪伯琴，〈念聖樓書畫展觀後記〉頁 15《暢流》1961 年 5 月 16 日 。
23. 麥鳳秋，《四十年來台灣地區美術發展研究之五》書法研究研究報告展覽專輯彙編 1996 年台灣省立美術館。
24. 羅伯乾，〈代傳〉收入《上虞丁念先先生書畫遺墨》。。
25. 王壯爲，〈王跋〉頁 105《重編上虞丁念先先生書畫遺墨》1991 年書藝出版社。
26. 王壯爲，〈蘭亭展覽〉頁 20-21《暢流》21 期第 4 卷第 4 期。
27. 王壯爲，〈十人書展九人評〉頁 26《暢流》書苑—51 年 9 月 28 日第四次十人書展歷史博物館。
28. 王壯爲，〈玄圃瑣言——十人書展的一些雜碎〉頁 11～12，《暢流》22 卷 6 期，1960 年 11 月 1 日。
29. 王壯爲，〈十人書展與書苑一年〉頁 11《暢流》22 卷第 5 期 49 年 10 月 16 日。
30. 王壯爲，〈書法代表團訪日紀行〉頁 26。
31. 王壯爲，〈孟津書法略述〉頁 13《暢流》21 卷 5 期 49 年 4 月 16 日。
32. 王壯爲，〈張二水與其書法〉《暢流》22 卷第七期頁 15，1960 年 11 月 16 日。
33. 虞君質，〈談漢隸〉頁 231《藝苑精華錄》第一輯 1962 年。
34. 方傳鑫，《韓仁銘》〈簡介〉上海書畫出版社，2001 年。
35. 王冬齡，〈碑學巨擘鄧石如〉《書譜》雙月刊，鄧石如專輯第七卷第二期（總 39 期），29 頁。
36. 張清治，〈孫過庭書譜中審美理論今析〉收入《藝術評論》第七期，國立藝術學院，1996 年。
37. 杜裕明，〈何紹基書論探析－從其對晉以後之書法評論談起〉，頁 51，《美育》103 期，1999 年 1 月（19） 。
38. 楊式昭，〈于右任的草書藝術〉《國立歷史博物館學報》，1999 年。
39. 莊嚴，〈論碑與帖（下）〉《藝粹雜誌》第一卷第三期，1967 年 8 月 30 日，頁 8-9。
40. 張台生，〈丁念先小傳〉《台灣地區前輩美術家作品特展（書法專輯）》，台灣省立美術館，1994 年。
41. 于大成，〈丁念先先生二三事〉《重編上虞丁念先先生書畫遺墨》，1991 年，書藝出版社。

42. 孫過庭，《書譜》，日本二玄社出版，1959 年。
43. 季伏昆，《中國書論輯要》，南京藝術學院，1987 年。
44. 中道「丁念先先生隸與草」，台灣新生報，1970 年 8 月 18 日副刊。
45. 中道〈念聖樓主丁念先的遺作〉，頁 24，《藝壇》30 期，1970 年 9 月。
46. 馬紹文，〈十人書展〉《暢流》，28 卷 7 期，22 頁，1963 年 11 月 16 日。
47. 〈丁念先談八分書〉《藝粹雜誌》，二卷四期，1968 年 9 月 30 日出版，15-16 頁。
48. 道藝室主，〈輯餘雜識〉《重編上虞丁念先先生書畫遺墨》，頁 106，1991 年，書藝出版社。
49. 陳子和，〈陳跋〉 頁 106《重編上虞丁念先先生書畫遺墨》，1991 年，書藝出版社。
50. 蘇瑩輝，〈悼念丁念先先生〉，《藝壇》，30 期，22 頁，1970 年 9 月。
51. 陳耀林，〈夏承碑校讀記〉，《書法叢刊》，2001 年。
52. 〈清末上海金石書畫家的結社活動〉，《朵雲》，12 期，1987 年 1 月。
53. 王冬齡，〈碑學巨擘鄧石如〉，《書譜》雙月刊，鄧石如專輯第七卷第二期（總 39 期）。

（三）書畫集

1. 《上虞丁念先先生書畫遺墨》，無紀年。
2. 鍾克豪，《重編上虞丁念先先生書畫遺墨附名家信札及資料》，台北：書藝出版社，1991 年。
3. 李善馨，《鄧石如書畫集》，學海出版社，1974 年。
4. 德門畫廊，《德門畫廊書畫選集（一）》，台北，1990 年。
5. 丁玉熙編輯，《近代名家書法專輯》，台中：文化中心發行，1989 年。
6. 《台灣地區前輩美術家作品特展（書法專輯）》，台灣省立美術館，1994 年。
7. 《書道全集》，2 漢-日本二玄社。
8. 《宋拓西嶽華山廟碑馬氏玲瓏館藏》，均風出版社。
9. 《漢西嶽華山廟碑長垣本》，二玄社刊，書跡名品叢刊，渡邊降男發行，1961 年 11 月 15 日發行。
10. 《書道藝術》，第十卷〈鄧石如、何紹基、趙之謙〉，昭和四十七年，中央公論社出版。
11. 王壯爲，《玉照山房印譜》，1968 年。

（四）期　刊

1. 《美術學報》創刊號，1966 年。
2. 《書跡名品》叢刊，二玄社刊。
3. 《中國書法》期刊，1986 年第 2 期。
4. 《美術學報》創刊號，1966 年。
5. 《新藝林》雜誌，第一卷第一期至第四期，1969 年。
6. 《藝壇》雜誌。
7. 《華岡學報》第五期，1969 年。
8. 《文星雜誌》。
9. 《朵雲》雜誌。

（五）報紙專文

1. 丁念先，〈記蘇東坡萬竿煙雨圖〉，上、下，台灣新生報，1959 年 12 月 12/19 日。
2. 丁念先，〈蘭亭史畫〉，上下，中華日報，1959 年 4 月 3/4 日。
3. 中道，〈丁念先遺作隸與草〉，台灣新生報，1970 年 8 月 18 日。
4. 柳絮，〈冒雨觀畫記〉，上中下，「觀丁念先收藏之歷代書畫記」，中央日報，1961 年 5 月 4、15、16 日。

附錄一　丁念先年表

丁念先先生原名榦，字守棠，一號愳翁，別署念聖樓主人，浙江上虞人。

1906 年	清光緒三十二年	1 歲	三月廿四日，生於浙江省上虞縣章鎮
1911 年	前清宣統三年	6 歲	聘名師謝梅仙先生，自設家塾於宗祠中，
		13 歲	就讀紹興
1921 年	民國十年	16 歲	至上海，修完舊制中學四年 謁見吳昌碩先生，獲引介進入〈海上題襟館金石書畫會〉 吳昌碩先生介紹拜駱文亮為師從金石書畫家褚德彝、高時顯先生游與劉文淵等發起組織〈青年書畫會〉。
1926 年	民國十五年	21 歲	〈海上題襟館金石書畫會〉停頓與丁輔之、高野侯等另組〈古歡今雨社〉。
1927 年	民國十六年	22 歲	吳昌碩先生逝世
1932 年	民國二十一年	23 歲	畢業於正風文學院中國文學系 駱文亮師逝世，享年五十九歲 於市政府教育局服務
1935 年	民國廿四年	30 歲	元旦參加上海社會教育社舉辦的社員書畫展覽會 中國畫學會舉辦美術講座，聘黃賓虹、賀天健、丁念先、鄭午昌、施南池、謝海燕、陳定山、俞劍華等主講
1936 年	民國廿五年	31 歲	與謝聖鏞女士訂婚於上海，滬上名人二百數十人詩書以賀
1937 年	民國廿六年	32 歲	元旦與謝聖鏞女士結婚於上海

1938 年	民國廿七年	33 歲	抗戰期間，帶流亡學生回到故鄉上虞接辦春暉中學長女丁珩生
1939 年	民國廿八年	34 歲	擔任中國畫會第八屆執行委員
1940 年	民國廿九年	35 歲	次女丁珂生。
1942 年	民國三十一年	37 歲	褚德彝師逝世，享年七十二 長子丁瑜生
1944 年	民國三十三年	39 歲	三女丁瑾生
1945 年	民國三十四年	40 歲	勝利後，共黨欲加殺害，連夜化裝逃往上海 在上海市政府社會局主管出版事業
1946 年	民國三十五年	41 歲	次男丁璠生
1947 年	民國三十六年	42 歲	4 月中國畫學會舉行抗戰勝利後第一次會員大會 在會中報告復原經過，並當選常務理事
1948 年	民國三十七年	43 歲	4 月 25 日中國畫學會舉行年會，當選理事 三男丁璟生
1949 年	民國三十八年	44 歲	3 月 25 日，上海美術館籌備處、中國畫會、青年畫會在八仙橋青年會舉行美術節慶祝會，舉馬公愚、張中原、孫雪泥、鄭午昌、許士騏、丁念先、施南池爲主席團成員，此時已成藝壇上代表性人物。他歷任上海畫會執行委員兼總幹事，上海美術會理事 五月搭乘最後一班輪船來台，上海淪陷 謝聖鏞於七月一日患腹膜炎急病逝世，僅三十八歲 進入台灣省政府服務，居於新竹市花園街
1950 年	民國三十九年	45 歲	高野侯逝世，享年七十三歲
1953 年	民國四十二年	48 歲	調物資局服務，遷居台北市同安街
1955 年	民國四十四年	50 歲	發表〈明代美術〉、〈清代美術〉論文於中華文化出版事業委員會出版之《中國美術史論集》第二冊 發表〈六十年來的甲骨文、金文與碑學〉論文於《二十世紀之藝術書法》
1958 年	民國四十七年	53 歲	與知名書家陳定山、丁念先、朱龍庵、李超哉、王壯爲、陳子和、張隆延、傅狷夫、曾紹杰、丁翼等十人合組十人書會，第一次十人書展於國立歷史博物館展出
1960 年	民國四十九年	55 歲	參加第二次十人書展於歷史博物館

1961年	民國五十年	56歲	參加第三次十人書展於歷史博物館 4月於台灣省立博物館舉辦「念聖樓書畫展」展出個人收藏之法書、名畫共百件，文星雜誌社出版《念聖樓讀畫小紀》 冬至前夕爲蕭石緣畫扇以祭
1962年	民國五十一年	57歲	參加第四次十人書展於歷史博物館（9.28） 中國文化學院延聘先生擔任中國文化研究所教授。 自物資局退休。 參加第五回十人書展於歷史博物館（11.7）
1963年	民國五十二年	58歲	應聘爲中國文化學院藝術研究所美術組教授，講授藝術史、書畫鑑賞、書道研究等課，仍不斷著述。
1965年	民國五十四年	60歲	發表〈兩漢石刻文字與石刻畫〉論文於《大陸雜誌》第三十卷第五、第六期。
1966年	民國五十五年	61歲	擔任《美術學報》編輯委員 十月張隆延先生發表爲我國駐巴黎聯教組織（UNESCO）總部副代表，和王壯爲先生爲蘇瑩輝先生及張隆延先生餞別於念聖樓與莊嚴先生共同發表〈六十年來之書法〉於正中書局出版之《二十世紀之科學—藝術篇》 發表〈漢史晨前碑考釋〉論文於《美術學報》創刊號
1967年	民國五十六年	62歲	發表〈沈石田作畫年表初稿〉論文於《美術學報》第二期 擔任第二十二屆全省美展書法評審委員 指導文化學院藝術研究所研究生陳英德撰寫〈唐宋山水繪畫研究〉碩士論文 十一月，長子丁瑜在台北國軍文藝活動中心舉行首次國畫個展
1968年	民國五十七年	63歲	三月赴菲律賓，襄贊文物展覽中國館工作擔任第二十三屆全省美展書法評審委員 發表〈漢北海相景君銘考釋〉論文於《慶祝蔣慰堂先生七十榮慶論文集》 發表〈蘇東坡萬竿煙雨圖軸〉論文於《藝壇雜誌》 《藝壇》雜誌三月創刊，擔任主編，同年因故退出

1969年	民國五十八年	64歲	元旦獨立創《新藝林》雙月刊及擔任主編。《新藝林》之水準，爲當時藝壇中雜誌之冠 發表〈漢魯相乙瑛請置孔廟百石卒史碑考釋〉論文於《華岡學報》第五期。 發表〈海上藝林述往〉論文於《新藝林》創刊號，共連載三期 發表〈蘭亭史話〉論文於《新藝林》雜誌第一卷第二期 指導文化學院藝術研究所研究生李福臻撰寫〈唐代楷書之研究〉碩士論文 八月廿二日晨因肝疾突然去世，享年六十四歲
1970年	民國五十九年		八月，國立歷史博物館舉行丁念先遺作特展，由於他生前惜墨如金，僅展出百餘幅精品
1974年	民國六十三年		《上虞丁念先先生書畫遺墨》圖錄出版
1991年	民國八十年		《重編上虞丁念先先生書畫遺墨》出版
1994年	民國八十三年		台灣省立美術館出版《新台灣地區前輩美術家作品特展》（書法專輯）收入丁念先作品
2004年	民國九十三年		涂璨琳撰寫碩士論文《丁念先隸書之研究》

附錄二　吳平先生訪談錄

凡　例

1、原訪談全程以國語進行，記錄內文以中文翻譯表示。

2、訪談內容儘量以逐字聽打為原則，力求呈現現場談話過程原貌。

3、原錄音音質不佳、辨識不清，或是表達不完整的部分，不得不有所省略之處，以「…」為記。

時　間：93 年 2 月 15　日星期日下午 3 時~4 時
地　點：吳平宅
受訪者：吳平
主訪者：涂璨琳
記錄者：楊式昭
攝影者：楊式昭
聽打者：郭士傑

訪談內容：

問：請談談您與丁念先先生的關係？

答：那個時候呢，說起來應該說是我向他請教是有的啦，因爲他是一個小同鄉嘛，有這樣子一個關係，他的隸書在那時候，可以說在台灣就是他一個人了，別的人難以跟他相抗衡，而且他經過的、接觸的前輩很多，所以我向他請教寫漢碑，筆應該怎麼樣，他也有他的一個特別的路子，所以我在這個漢碑方面都是向他請教的，那麼他也把我當成他的同鄉，我是尊他爲前輩，他也客氣的，不接受這樣子的一個稱呼。

問：所以這是我爲什麼特地來向老師請益的原因。有一位麥鳳秋小姐根據張隆延先生說起他的學生輩吳平先生已經那麼好了，他的老師更不得了。就根據這一點，都認爲您是他的學生。

答：是這樣子，因爲張隆延先生我都有接觸認識，我有時候寫的隸書也是寫的這一路，一直到現在我寫隸書的時候，執筆的方法還是用丁先生的方法，因爲他隸書的執筆跟人家不同。

問：老師能不能示範一下？

答：這個是怎麼來的呢，我到他家裡去看他去，他住同安街嘛，我看見他這個筆啊，好幾枝這裡都斷掉了，我說奇怪了，就問他：「這個筆怎麼弄斷的？」他說：「給我抓斷的。」他三個手指頭在外面，一個手指頭在這裡，非常用力，抓得非常的緊，那眞是抽不出來的，所以他寫隸書都是這樣子寫。這樣子拿筆有一個特別的好處，就是抓的緊，像我們這樣子一般的這樣拿筆，你怎麼樣都抓不緊，所以說這抽不起來那是假話啊，這個這樣子抓，眞抽不起來，抓得非常緊，所以他的隸書的用筆非常的紮實，非常的有蒼勁，所以我到現在寫隸書還是用他的這個方法，所以你說我是他的弟子也並不爲過。像這樣子執筆我還沒有看過，只有在他那裡看過，所以因爲這個關係走得近一點。因爲丁先生他有個小孩是啞巴，不會講話，曾經丁先生跟我講，你是不是將來有這個畫畫一方面，他也喜歡，他說教教他，我說這也談不上教嘛，我說到高逸鴻先生那裡去看看嘛，我這個講是沒有講出來，我認爲凡是有殘缺的人，他這個接觸美術比好人要來的快、要來的高，那我說你先到高先生那裡先去看看，眞正實際上的問題，我說我當然可以幫忙，說跟我學我也不敢當，是這樣子的一個關係。

問：剛才說到執筆的方式，那麼他行筆的速度如何？

答：行筆的速度他不快，我對丁先生有個印象，他的隸書是寫得非常精，並不是大氣磅礴的。

問：但是他又很羨慕別人那種大氣磅礴的感覺，所以他後來有收藏到一個名碑拓，就是古夏承碑拓本，那這個拓本他到底差不多什麼時候收到的？

答：這個我就不清楚了，我去的時候，他還沒有到故宮去，他還在…工作的時候，那時候去他就已經有這件東西了，所以他收藏的東西，這個就是一個古本，所以他也給我們看，丁先生這一方面他很慷慨。那麼這個怎麼得到這件東西的，他也沒有講，我也不敢問。

問：在鍾克豪先生印的重刊本裡面提及，判斷應該是晚年得到的，他認爲臨這碑可以讓他的字顯得更雄厚一點。從第一次十人書展，第一張展出的，就是臨夏承碑，大約在民國四十七、八年左右吧，夏承碑是不是從這邊來的就不知道了，鍾克豪先生把這原稿賣掉，因爲這個信封他也搞丟了。

答：那這樣從這個東西看起來，夏承碑原來是張默君先生的。

問：我去找鍾克豪先生，因爲他收到一部分丁念先漢碑的研究資料及手稿，是用公家油印廢紙的反面去印的，這些是從民國四十一年到民國四十六年的廢紙，大概在這期間寫研究資料。說他擁有夏承碑，約在參加第一次十人書展時，民國四十七年左右。很多書家認爲他隸書受夏承碑的影響很大，但是我不認爲。

答：我是這樣子講，我本來寫漢碑，我喜歡寫衡方啊、張遷這一類的，那麼他就跟我講，他說張遷不好，你不要學張遷，他說你應該，他是有四塊碑，一塊是華山碑，一塊是禮器碑，一塊是乙瑛碑、史晨碑，他說這四塊碑是學隸書的正宗，他說你應該在這四塊碑裡面去學，不要去學張遷、衡方這些東西，那所以在我看來，這個是我請教他，是難得的機會啊，他看得起我，我說能不能，我沒有指定哪一種……學習的一個範本。他說可以，慢慢的就寫起來了。

問：我現在收到的丁先生送給你的史晨碑書跡的影本，祇收到差不多一半，請問是從開始寫的？

答：他從頭上開始的。

問：是史晨後碑，還是史晨前後碑呢？

答：史晨前後碑。

問：前後碑都寫了，那是少印很多了。

答：這些東西我現在不曉得流失到哪裡去了，現在沒有裱，中間這一段被蟲咬掉了，裱得一塌糊塗啊，那時候師舒明量先生還這樣，他說你怎麼搞的嘛，蟲咬掉了。

問：他建議你去重裱？

答：後來去裱，裱了，中間這一段沒有辦法，有些地方沒有了，那當然整個這個裱起來。

問：其實我印就是從這邊印起。

答：喔，從這邊印起。他裡頭寫了……的時候啊，他是一個直式，沒有接，……有一次李超哉先生去看他，他漏掉了一頁。

問：從他這個款識啊，他這一段東西事實上是所有我見過中，款識最長的，將他文人作品的一個心境都寫出來，也很難得。

答：所以他特別跟我講，他說因爲李超哉突然來訪，因此漏掉了一段，也就可以了，所以他也可以說在這一方面，把我當眞正的晚輩看待。

問：在我的論文裡要補充這個資料。

答：寫的很長啊。

問：我記得這件作品長達三十幾尺，因爲中間有那個蟲咬的部分，所以影印機卡住了，因爲才印一半，他才送給我這份。

答：在這一方面我得益是不少，從他的交談之間，我們不曉得的，他接觸過的前輩的這種事情，也可以聽到一些。

問：他認爲影響他最大的一個老師是駱文亮，老師對駱文亮瞭解多少？

答：他這個跟我沒有怎麼講過，他寫怎麼樣的字，我到現在也沒有看見過。我只曉得他那時候跟褚德義、還有高逸鴻，他是接觸挺大的。

問：大陸最近出版一本上海的《海上繪畫全集》，紀錄他臨過孔廟三碑，加上華山共四碑，沒有提到禮器碑。他在當年在上海沒有寫太多禮器碑，來台灣以後才寫，事實上禮器的碑陰、碑側對他影響很大，所以他鼓勵開始就寫禮器，我不能同意他這樣講，他有早年華山和史晨下的功夫。

答：他跟我倒沒有指定哪一種，他覺得這四種呢，他說反對你學張遷，這一點我到現在沒有聽他的話。

問：每一個人追求的美感不一樣，一個人的成就和他自己欣賞的那個角度，同樣的路子去走，不可能每一個人追求的東西是一樣的，禮器對他的影響，應是那種佈白方式，特別一點碑陰、碑側的，這種只有行距，沒有什麼字距的這個排列方式。他在研究漢碑的論文裡面說到，出土的漢簡，和禮器的碑陰、碑側，給他的影響非常大；不同於清朝中葉以後，對碑的雄偉方面的一個表現。雖然丁先生欣賞鄧石如的隸書，但他走的路子是不一樣的，這四個碑讓他的字變得比較疏秀。他的作品不多，遺作集只有近百幅，我收藏十二幅，加上朋友的大概近百幅。因爲他運筆速度慢，所以他選擇的紙張是比較不暈的，這個疏秀用筆力量看得非常清楚。

若要比較雄偉，他就寫在宣紙上。我有把他晚年寫的一些對子，有追求精密、又雄偉的寫法，字比較大，拿來比較，比較接近夏承碑，雖然他講是臨華山，或是臨韓仁銘。

答：韓仁銘字數少一點。

問：我把他的東西來對照，比較像夏承，不像韓仁銘，韓仁銘得的太晚，不然書法精密的角度可以更好。

答：他寫的東西舒明量先生也得到不少，舒明量先生有一張扇面，沒有寫一行，有長有短啦，那個寫得眞精。

問：吳老師，這件扇面他不是寫給他的。

答：不是寫給他的？

問：我一直希望他讓給我，但他讓給別人，這在遺作集有印，從扇上的款識就知道，他的朋友老早就跟他要，扇上的畫在五十年才完成，我蒐集資料是很用心的。

答：我印象中寫得非常的精，所以我覺得越小越精。

問：這件作品舒明量先生經常拿給我把玩，但是當時我不曉得是交代舒明量先生去燒給已經去世的蕭石緣，中國習慣弔祭用紙糊、或影印，燒給他就行了。要是眞燒了，就看不到原跡了，當時沒有細讀款識，就可以詳問舒先生。

請問丁先生的執筆是怎麼樣的？

答：所以丁先生他這個，我去的時候啊，我是也是唯一的要求，我請他寫字，但是我不是問他要字，我要看他怎麼寫，你怎麼寫怎麼樣，所以他寫字執筆是執的這個方式，執筆不高，低低的，他的筆不這麼懸起來，他說你看寫什麼字，你寫大的一定要懸起來，他說你只要移動靈活就可以了，拿的非常緊，他眞是，他寫字看得出來眞是非常用力，下筆非常用力，我才曉得從後面抽不動，這個樣子都抽不動，這個樣子我老是奇怪，這樣子你怎麼筆抽不動的呢，這怎麼都要給你抓不緊的啊，抓得太緊不能寫字啦，這個樣子緊可以寫字，那個樣子不能寫字。

問：這樣還算可以靈活。

答：是啊，所以他那個隸書能夠寫得這樣精啊，與他的執筆有關係。

問：不過他是說他寫隸書是用十分力，然後他寫他的邊款和行草他只用三分力，他邊款和行草寫得好極了。

答：他隸書他自己建立一個面貌，以前他的上海的這批人寫的還沒有他寫得好，那些老前輩都沒有他寫得好，那麼他這個行書，我尤其喜歡，他這個行書是特有的功夫，那眞正精，他的隸書和行書結合起來，完全裡面是有很多是他寫隸書的筆法。

問：請問您有沒有看過他寫行草的時候的執筆方式？

答：也這樣。

問：也是這樣？

答：也這樣。

問：同樣的方法？

答：同樣的方法，他的行書是另有一個面貌。

問：但是當年草書好的人實在太多了，于右任，還有高逸鴻先生，傅狷夫老師，以面貌來講，他的隸書是比較特殊一點，他的行草呢，我是覺得蠻有味道的。

答：但是他對外他都是隸書。

問：老師，他用的是長鋒羊毫嗎？

答：是長鋒羊毫，也差不多是這樣子，還有他這個筆不全開，只開個三分之一這樣子，那上面都是膠起來的，他這個墨因爲新打開就慢慢的墨上去了嘛，墨上去了他也不理它，他不理它，擺在旁邊，上面通通被墨膠住了，他然後就是這麼的一點點的碰，在那裡寫，不全開。

問：這和江兆申老師用狼毫寫小字的時候一樣，也是不全開。

答：我曾經也有機會陪溥心畬先生半天，他畫畫、寫字，一邊他跟你聊天，下意識的畫，那天他也曾經也跟我講，他說筆不要全開。

問：這幾個老先生都差不多，只是一個羊毫、一個狼毫那樣子。

答：只是一個羊毫一個狼毫而已，他說筆要他自己慢慢的打開，他說你一下子全開，他這枝筆就壞掉了，不好用，讓他自己慢慢的打開，他說這枝筆就好用。

問：丁先生到台灣是民國三十八年，他的書跡最早在民國四十五、六年，那以前他沒有寫隸書嗎？

答：這個我就不清楚了，我到他那個地方去，大概也是在四十幾年以後的事情，因爲我看到這個夏承碑嘛。那個曾經商務印書館曾經刻了版印，所以這個這一件東西的流向就不知道了。

問：當時也不在捐給歷史博物館之內。

答：我到了故宮之後，聽江兆申先生講，因為丁先生過世了，這一份東西有意思賣給故宮，但是要四十萬塊錢，現在看起來四十萬塊錢很小，在那個時候這筆數字也是不小，故宮沒有這個預算，這一份東西後來據說是流到香港去了，那麼香港到底到了什麼地方去，就不知道了。

問：我聽鍾克豪先生說一萬塊錢美金賣到美國去，一萬塊美金四十萬左右。晚年他的環境不是很好，我聽傅申講，連他收藏的古版本都賣掉，那他可能想辦新藝林，可能就蠻需要錢，當年他們八個人一起辦《藝壇》，每人出五千元，是陳其銓先生告訴我的，姚夢谷先生指責編輯方式太老舊，所以丁先生心裡不舒服的離開《藝壇》，陳其銓先生說：姚夢谷先生假如能夠有容人的雅量，可能丁先生就不會那麼早死了。是去年陳其銓先生還沒有過世的時候告訴我的。

答：我只曉得他們辦《藝壇》這個是丁先生辦，活動是怎麼贊助，後頭也不大清楚，裡面還有搞得這麼複雜的情形我就不大清楚。裡面文章都是他自己寫，沒有人投稿。

問：《新藝林》雜誌每一期都有他一篇，圖片都是刊他的收藏，老師知道《新藝林》辦幾期嗎？

答：幾期我不記得了，反正很短啦這個。

問：他晚年是只有在文大上課，那時已經離開公家了嘛？

答：離開公家了。

問：他離開公家是民國幾年的事呢？

答：那個不記得了。

問：有一件事情，我是瞭解，但是也不想寫，但是人家假如問起那個時間的話，我又不能不知道，我和舒明量先生認識的時候，他知道我對丁先生的東西非常喜歡，我從十幾歲收他們這些老前輩的資料，高拜石、奚南薰、丁念先等。有一天舒明量先生拿他寫的扇子給我看，還有掛在窗口的四條屏，那四條屏是他剪貼的，你看，上面有江兆申先生題字尤其有趣。

答：對，這個看到了我記起來了。

問：他只有這兩件東西，當年跟我講：「唉，我和這個丁念先先生這麼好，他當年出事情的時候，我是他的保人，保釋他的，這兩件東西都不是送給我的，四條屏是他不要，墊鍋底的東西。我想一想，我沒他東西啊，去跟他要了這個東西回來，重新剪貼安排，然後再請江先生落款。扇面是本來送給石緣要燒掉的，他根本就沒有給我過啊！」他在這個公家的地方出一點小事，但是呢到底幾年當時我就不記得了。

答：那是民國幾年的時候的事情？那時我還在部隊。這個樣子是有一點冤枉。

問：請問這些丁先生的印章是誰刻的呢？

答：會不會是壯公替他刻的啊？

問：有可能，當時王壯為他們很要好，他們是經常抬槓的朋友。

答：經常抬槓，我想是壯公替他刻的。

問：改天還有一些事再請益，因為做研究，請給我們一點指導。

答：我是聽到王壯為先生講過一句話，那個時候他們都在文大兼課，丁先生他開了一個我們叫黑老虎，碑體方面的課程，他說他是真懂，這一塊碑體拿來，時代上的判定，他都是瞭如指掌，他說他在這一方面他的這個，我們說大陸人啊，尤其是上海叫黑老虎，什麼地方有什麼毛病，這個應該是什麼時候的，他是元拓，還是清朝的拓，他說他是非常要得。

問：現在很麻煩的是，假如以他的書跡來講，他總共來台二十一年，前七年幾乎都沒有東西，可能他研究收集資料、刻鋼板，就是在這四十一年到四十六年。

答：他對漢碑的研究啊，我在他家裡，曾經給我看過這個原稿，我說丁先生你真了不起，這個工作是真浩大，他這個漢碑的釋文跟那些，我說這個沒有人做得到的，像你這樣我希望你能夠盡量的做，做好了將來能出版，這是非常好的東西。

問：這些研究中只有三個碑發表，其他的碑他資料收集好，還沒有完成，人就過世了，我看到的還只有民國四十一年到四十六年的部分，殘缺不全，已經分散掉了，手稿叫藝術史，差不多這麼厚，全部鋼筆寫的。遺作集也是舒明量先生送的，不然的話這一本現在買不到了。

答：買不到了，絕版了。

問：所以我這一次研究盡可能的寫，資料實在太有限了。

答：你收集這麼多資料，已經算是真不少了。

問：就是要花時間啊，我這個人是用舊辦法，新的辦法我都不會，電腦、掃瞄我都不會。

答：這個我也不會啊。

－訪談結束－

附錄三　論文完成後的兩件事

（一）駱文亮，是吳昌碩轉介給丁念先的老師，吳昌碩書其潤例曰「亮公以篆隸之筆作正草，鬱勃縱橫，茂密雄奇，兼而有之」，然完成論文之前，詢之海內外名家時無人見識到駱文亮的書跡，成爲論文中的小遺憾。幸得丁念先長女丁珩攜贈以上兩張駱文亮扇面草書相片，對之後研究丁念先草書應有所助益。

（二）丁念先好友張隆延先生於我論文完成後，得知我對於宋拓本夏承碑不知流落何方，引以爲憾，特煩其學生郭聯佩由美攜回贈我精美影印本，並於其上留字「人人有同等機會享受文明，多人能有夏承宋拓複本」等字，前輩如此胸懷令人敬佩，因此每年於台藝大課堂給予學生影印流傳。